产教融合背景下学前教育专业人才培养模式研究

娄小韵 ◎ 著

吉林人民出版社

图书在版编目(CIP)数据

产教融合背景下学前教育专业人才培养模式研究 /
娄小韵著 . -- 长春 : 吉林人民出版社 , 2020.10
ISBN 978-7-206-17801-6

Ⅰ.①产… Ⅱ.①娄… Ⅲ.①高等学校－学前教育－
人才培养－培养模式－研究－中国 Ⅳ.① G61

中国版本图书馆 CIP 数据核字 (2020) 第 232711 号

产教融合背景下学前教育专业人才培养模式研究
CHANJIAO RONGHE BEIJING XIA XUEQIAN JIAOYU ZHUANYE RENCAI PEIYANG MOSHI YANJIU

著　　者：娄小韵　　　　　　　封面设计：金　莹
责任编辑：金　鑫　　　　　　　助理编辑：李子木
吉林人民出版社出版 发行（长春市人民大街 7548 号）　邮政编码：130022
印　　刷：定州启航印刷有限公司
开　　本：710mm × 1000mm　　　1/16
印　　张：10.25　　　　　　　　字　　数：210 千字
标准书号：ISBN 978-7-206-17801-6
版　　次：2020 年 10 月第 1 版　　　印　　次：2020 年 10 月第 1 次印刷
定　　价：49.00 元

如发现印装质量问题，影响阅读，请与印刷厂联系调换。

前　言

　　产教融合最开始是指职业学校根据所设专业，积极开办专业产业，将产业与教学密切结合，相互支持，相互促进，把学校办成集人才培养、科学研究、科技服务为一体的产业性经营实体，形成学校与企业浑然一体的办学模式。后来，产教融合模式的应用不再局限于职业院校，而是逐渐向本科高校普及。综合来看，产教融合是随着经济发展而产生的一种新型人才培养模式，通过国家政策上的支持和鼓励，让"产"和"教"在资源、信息等方面充分融合，最大化地发挥出自己的优势，共同培养出符合社会主义现代化建设的复合型人才。产教融合的关键在于推进政府、学校、企业三方主体协同发展，以经济产业升级优化为立足点，以技术转移和共同开发为主要载体，建立"产教融合、校企合作"的长效机制，根本目标是让现代人才能更好地与社会需求相符合。

　　而在当今时代，随着教育的价值日益凸显，世界各国不仅争相上延教育以尽可能发展高等教育，而且竞相下伸教育，以尽可能关注学前教育。教师作为教育教学的第一资源，是实施教育教学工作的关键主体和核心枢纽，直接决定教育教学的效果与质量。毫无疑问，千方百计地加大师资培养力度、提升教师队伍的整体素质，实属教育强国的必由之路。学前教育是个体正式接受教育的起点，是整个教育事业的奠基工程，是国民教育体系的重要组成部分，是重要的社会公益事业，是提升国家综合国力的基础性事业。目前，世界诸多国家为了走教育强国之路，已经开始在学前教育这块曾经遭受冷落的教育原野上展开激烈角逐，而为了在新一轮角逐中保持领先地位，它们已经不约而同地加大了学前教育师资的培养力度。

　　师范类院校作为培养准学前教育教师的场所，其人才培养模式在很大程度上影响着学生的发展，即未来幼儿教师的发展。而产教融合作为一种人才培养模式，目前，虽然还处在探索和实验的阶段，但的确取得了不错的成效，也逐渐被越来越多的高校所接受。教师作为一种既需要理论又需要实践的职业，显然，通过产教融合这一模式，将学生的"学"与未来的

"教"结合起来，是一个值得尝试的方向。本书也正是基于这一思考，展开了理论以及实践性的研究。

本书一共六章，第一章从理论着手，对产教融合这一模式进行了界定，并阐述了产教融合的相关理论及功能作用；第二章则就学前教育专业人才培养进行了理论性的解读；第三章剖析了学前教育人才培养模式的现状，并就学前教育专业人才培养模式的改革提出了几点思考；第四章就学前教育专业中产教融合模式应用的现状进行了全面的分析；第五章立足于产教融合模式，从政府、企业、学校、教师、学生五个角度分别切入，分析了其利益相关性；第六章就如何推动产教融合人才培养模式提出了几点具体的策略。

作者在撰写本书过程中，坚持理论和实际结合的原则，注重学术价值和应用价值，具有一定的借鉴和学习价值。但由于作者的水平有限，书中难免存在疏漏之处，敬请广大读者批评指正。

目　录

第一章　产教融合概述

第一节　相关概念的界定

一、产教融合的含义及其特性

（一）产教融合的含义

产教融合作为一个新出现的相关构想目前尚无统一的定义。通过调研发现，在我国最先提出产教融合的是江苏无锡市技工学校，该学校是高职教育的典型代表。产教融合最早由高等职业院校提出，并且在高等职业院校根据其人才培养特点提出，现在已经扩展到各个层次的教育之中。江苏无锡市技工学校之所以提出产教融合与其自身的发展探索密不可分，其在办学过程中结合高职人才培养的特殊性和时效性，对已有的教学方案和人才培养进行了专门的改革。该学校通过不断的改革与探索提出了一个重要的论断："千方百计寻求与生产实习紧密结合的产品，以提高学生产教融合的水平意识、产品意识、时间观念及动手能力。"在调研中了解到，上面所提到的产品就是学生实习，虽然从范围和层次上来说这个相关构想所涉及的面比较狭窄，但这毕竟是中国职业教育第一次提出了产教融合这一全新的相关构想。产教融合非常符合时代发展要求和人才培养要求，已经逐渐成为各个层次人才培养中的重要环节。

在江苏无锡市技工学校提出产教融合这一相关构想之后，《中国职业技术教育》《中国劳动保障报》和相关教育报刊先后在不同版面中引用了产教融合这一说法，当时只是觉得这一说法比较具有前瞻性，但也未能明确其定义。从此开始，产教融合逐渐引起了教育界的关注，人们纷纷探究到底该如何给产教融合进行一个完整的诠释。教育部曾在 2011 年的《关于加快发展面向农村的职业教育的意见》中提出一个要求，就是要促进产教深度合作。这个时候产教融合才开始逐渐被国家教育部门所重视，在随后的教育改革和发展中，产教融合逐渐成为人们所关注的重点。

产教融合的相关构想是一个从无到有、从模糊到具体的过程，这符合事物发展的一般规律，更加符合教育发展的规律。我国的一些学者对产教融合进行了专门的整理和研究，但是由于缺乏一手材料，所以研究所取得的成果非常有限，仅仅是以时间顺序对产教融合的发展进行了简单的梳理。笔者为了深度研究我国产教融合发展的实践专门进行了大量的调研，调查了成果丰富的高校，也对理论进行了专门的研究，从而在前人的基础上取得了一些成果。在我国教育体系中，产教融合的两个主体是学校与产业行业，通过产、学、研一体化的深度合作，可以提高人才培养中产教融合的水平，从而实现双赢。传统的人才培养中，学校非常重视校企之间的合作与协同培养，但是校企合作的层次有限，无法实现深度的人才培养和发展。产教融合与校企合作的最大区别主要还是双方合作的程度，产教融合的形式多种多样，最核心的就是双方要形成稳定、高效、深层次的合作关系，通过提升人才培养中产教融合的水平，促进企业发展和办学实力的提升。在调研中发现，有的产教融合助推校企双方建立新的实体创新人才培养模式，也有的产教融合侧重研发和学术升级。从调研的结果来看，不论哪种形式的产教融合最终都会提升学生的个人素养和就业能力，企业也因此获得了更多宝贵的人才，缩短了人才与企业之间的磨合期。最终所能产生的连锁效应会不断助推区域经济向前发展，从而实现共赢。产教融合让越来越多的用人单位和高校看到了机会和希望，它们也非常愿意参与其中，所以产教融合的发展也逐渐进入了快车道。

通过对历史资料、文献和调查结果进行分析可以发现，当前的产教融合更倾向于职业院校。但是，本研究对这一相关构想进行了扩展，把高校也纳入其中。这是因为国家层面越来越重视产教融合的发展，已经出台了相关的政策进行支持和帮助。回到产教融合的相关构想上来，传统的产教融合指的是职业院校把所开设的专业进行社会主义市场经济产业化发展，把产业发展的经验和技术引入教学之中，通过产业与教学之间的融会贯通强化学校和企业之间的合作关系，从而优化传统的办学模式。目前，越来越多的高校也在探索产业引入专业，所以上述相关构想中的职业院校可以扩展为高等学校。但是，职业院校和高等学校的产教融合又存在着比较大的差异，就是职业院校的产教融合进行得更加彻底和全面，也更容易获得企业的认同。高等学校在发展产教融合方面存在一定的弱势，这主要是不同层次的教育目标所导致的。

虽然职业院校在产教融合方面取得了比较好的成绩，但是不同地区、不同类型的职业院校存在着比较大的差异。笔者在调研中发现，经济发达地区的产教融合发展得非常深入和全面，对助推地方经济的发展也有着重要的助推价值。人们也探索出了丰富的产教融合经验，这些经验具有比较强的地方性和产业性，要想大面积地复制和推广存在一定的困难。但是，笔者在对调研对象的经验进行抽象和提炼之后又总结出了本研究中的观点。

产教融合对于学生、学校、产业和社会来说是一个多方共赢的机制，尤其是对于学生来说，既能够提升专业能力，又能够为以后立足社会提供保障。传统的职业院校虽然给学生提供了实习的条件和场所，但是由于各种条件的限制导致实习缺乏针对性和激励性。产教融合中有大量的实习、实践机会，而且这种实践是经过专门设计的、有针对性的与学生在校期间所学知识融会贯通的实践。传统的职业院校学生实践的一个很大弊端就是缺乏针对性，这导致了学生所学与所用之间无法实现无缝对接，而产教融合能够弥补传统实践存在的缺点。

产教融合的学生实践就是把课堂所学到的知识应用到实践之中，在课程设计上就存在着对应性，这是一个非常好的现象。产教融合会涉及每一门课程，从专业培养目标入手，学校与企业在充分合作的基础上共同制定培养标准以及课程标准。所涉及的骨干课程均是理论与实践高度结合，这就可以让学生带着问题学知识，并且在实践中解决问题，形成了一个遇到问题、解决问题的良性循环。通过产教融合培养出来的学生，在动手能力和解决问题的能力方面具有更强的优势，他们可以更加灵活地对问题进行分析，并且选择合理的方式进行解决。这种人才培养模式的改变还在很大程度上改善了学生的三观，从而培养出更多能够为社会主义服务的优秀人才。不仅如此，产教融合还会激发出学生创造、创新的愿望和热情，激励他们在实践中不断探索、不断创新，而这种创新意识、创新能力、创新人才的培养正是职业教育的办学方向。产教融合不仅可以让企业参与其中，而且在有条件的学校，也可以自己创办企业，以学生为主体进行发展；学生在整个过程中可以取得一定的报酬，这在客观上也为学生工读结合、勤工俭学创造了条件，还能够解决贫困学生的学费和生活费问题，为精准扶贫提供支持和保障。

产教融合在更大层面上能够为助推地方经济发展提供专门的服务，因为我国的职业院校多为地方性的，其最主要的作用就是服务于地方经济发展。我国当前的职业教育是以就业为导向的教育，在社会主义市场经济制度之下主要以培养技能型人才为主要目标，技能型人才的特点非常明显，培养的是生产、建设、管理和服务第一线需要的高技能人才。这类人才具有鲜明的职业性、技能性、实用性等岗位特点——简单地说就是工作在第一线，懂技术、会操作、能管理的技术人员。

产教融合的培养思路也正是在上述背景之下产生的，为了满足需求而改进相应的教育策略，这是我国教育不断改革、发展和完善的重要体现，也应当受到更加广泛的关注。产教融合的重要参与对象是企业，在融合的过程中要格外注重对企业需求的满足。只有充分调动企业的积极性和资源，才能实现产教融合效果的最大化。据调研显示，当前进行产教融合的企业多数为生产制造型企业，这对学校提出了新的要求，学校也应针对企业所需的产品与技术进行开发，以实现学校培养人才、研发产品和技术服务的三大功能。为使企业需求与学校教学无缝衔接，与技术发展方向合拍，就必须依靠和吸收企业技术骨干、学者专家参与培养目标的研讨、教学计划的制订。产教融合的基础是"产"，即必须以真实的产品生产为前提，在这样的基础上和氛围中进行专业实践教学，学生才能学到真本领，教师才能教出真水平。这样的"产"不能是单纯的工厂生产，必须与教学紧密结合，其目的是"教"，在产教融合比较成熟的情况下，再逐步向"产、学、研"发展。学校真正形成了"产、学、研"的能力，职业学校适应了市场的需要，形成的发展能力就落到了实处，做强做优也就有了基础。

目前已经有的产教融合主要是根据学校和企业双方的情况进行深度融合，正如前面所提到的全社会还没有形成一套完整的、可以通用的经验体系，应对已经完成的调研总结出当前教育界比较常用的一些做法。产教融合的发展实际上经历了一段时间的摸索，学校和企业在探索中寻求最佳的解决途径。在产教融合中学校和企业始终坚持"双赢"原则，实施责任共担，这就形成了一种具有约束力的制度保证。一些比较主流的做法就是引入社会上管理和技术较为先进的企业，企业愿意加盟校企合作，通过利用该校的设备，进行产品生产，在生产过程中引入教学内容，校企共同制订产教融合的实施性教学生产计划，让教师学到技术，让学生加入生产，让生产产生效益，学校和企业共同发展、共生共荣。

改革开放已经进入第42个年头，我国的社会主义市场经济也取得了非常大的进步，经济的进步和发展对我国的高等职业教育产生了具有深远意义的影响。这种影响包括为我国高等职业教育提供了很好的校企合作环境、为高校毕业生提供了工作和实习场所、为高校培养了大量的双师型教师。当然，经济的进步对职业教育的影响远不止如此，实际上，中国经济产教融合水平的提升就是依靠人才素质的不断提升实现的。

在经济发展的大背景之下，应用型本科也应运而生，并且加入了高等职业教育的大家庭。在实践型人力资源理念的指导下，培养合格师资的任务将会更加艰巨。应用型本科要想实现发展目标，就要提升校企合作的产教融合的水平、增加校企合作的数量。经济的发展和社会的进步对教育提出了更高的要求，这种要求主要体现在对人才产教融合水平要求的不断提高上。应用型本科要能根据社会经济发展的需要灵活调整人才培养方案，提供可供经济社会发展需要的社会服务，并能开展科学技术研究，为相关行业提供前沿的技术指导，为社会经济的发展提供技术支持。总之，应用型高校要不断调整自身的发展，适应经济发展的需要，并且争取成为经济发展的助推力量。正是基于此，在社会主义市场经济背景下，高等教育"产教融合"是一种产、学、研"三位一体"的融合模式，不仅具备教育和企业的多种功能，而且具备随时应变产业结构调整和参与市场竞争的能力，是在学校、企业、行业以及社会相关部门的不同程度参与下形成的一种新的社会组织结构，肩负着助推高等教育改革和社会经济发展的重任。从这个角度来说，产教融合的发展在很大程度上会影响经济发展，进而也会影响两个一百年目标的实现。

（二）产教融合的特性

1.立体式融合

社会主义市场经济追求的是多元化，产教融合服务于社会主义市场经济，所以其发展的路径也必然要受到社会主义市场经济的影响。产教融合在发展中也更加注重立体式的融合。立体式融合区别于平面融合，从融合的层次来说，校企合作属于层次比较低的融合，也就是平面融合。产教融合是高层次的融合，可以说是立体式的融合，它打破了原有单一合作或双项合作的局限，在产、学、研三方面进行全面、深入的合作，融合后的组织结合了生产、教学和科研的特点，不仅自身是生产的主体，具有企业创造经济效益的功能，而且能提供产业发展需要的专业技术人才，为产业的可持续发展提供源源不断的智力支持。通过对比产教融合培养出来的人才与传统模式培养出来的人才，就可以发现二者存在着比较大的差异，产教融合模式下培养出来的人才具备更强的可持续发展能力。从另一个角度来说，企业的需求也能为学校的教育教学改革提供方向和目标，保证了高等职业教育能满足行业需要。融合的组织能科学配置内部资源并开展基础研究、应用研究和开发性研究，为产业发展提供有力的技术支持，为学校教育内容的更新提供最前沿的信息资源，保证了教育的与时俱进。三者融合在一起，形成一个良性的循环体系，开展教学、科研、生产等服务活动，在促进内部发展的同时，不断向外辐射，发挥其更大的社会效应和作用。这种立体式的融合对于经济发展和社会进步都有着非常重要的助推价值，反过来也促进了教育的发展和进步。

2.社会主义市场经济产业化发展的融合

社会主义市场经济产业化发展是指某种产业在社会主义市场经济条件下，以行业和企业的真实需要为导向、以实现效益为目标、依靠专业服务和产教融合的水平管理形成的系列化和品牌化的经营方式和组织结构，其基本特点是面向市场、行业优势、规模经营、专业分工、相关行业配合、龙头带动、市场化运作。对于不符合市场需求的项目，要遵循市场进退机制，及时终止不必要的投入，避免产教融合运作过程中出现机制的片面性。所以，社会主义市场经济产业化发展的产教融合是一种面向市场需求的融合，在产、学、研方面做大做强，分工合作，强强联合，能创造出良好的市场发展前景，具备其他组织无法复制的竞争优势，进而形成自己的品牌，在市场中具备核心竞争力，并且能形成一定的规模，带动其他合作项目不断深入开展，严格按照市场规律来开展活动。

3.以企业需求为出发点

教育是以培养人才为主要目标的，早期的教育在人才培养中并不注重与企业之间的对接，产教融合在培养目标方面领先于传统的教育，产教融合的出发点是企业的需求。企业参与到人才培养的全过程之中，能够将自身的需求以最大化的形式表达出来，并且在课程设计中逐个满足。传统的高等职业教育在产教融合实践过程中，搞形式、走过场、学校"一头热"的现象，是每所高等职业院校都会遇到的现象。通过分析可以发现，导致这种现象出现的原因很多，主要是双方在合作的早期并未找到能够让彼此共赢的路径。而很多企业迫于政策的压力或是学校的单方意愿，在没有找到双方合作的需求点时就盲目开展形式上的校企合作，合作之前双方缺乏严谨的调研。

这样的产教融合违背了社会主义市场经济的需求导向，不可能产生有益的效果。真正实现产教融合的组织，能够以企业、学校和相关合作部门的需求为前提，结合各种市场正在发生的变化，明确市场的供需状况，确定各自的实际需求，寻求利益结合点开展相关合作，在满足自身需求的同时，能为市场的供给和需求的均衡做出一定的贡献，并能根据供给和需求的均衡变化，调整自己的需求发展战略，这样不仅解决了合作的随意性、被迫性问题，而且提高了合作双方的积极性与主动性。

4.多主体管理的融合

产教融合就是一个重新确立组织主体地位的过程，也是在社会主义市场经济条件下产教融合活动获得法治保障的关键要素。以往很多的校企合作活动难以实现产教融合的关键原因，主要还是没有明确各个主体之间的权利和义务关系，关系的不明确导致了合作的问题，从而影响了校企合作的发展。产教融合的主体正在悄然变化，已经从学校转移到了企业和行业，这种变化既与当前的社会发展有关，也与教育的进步有关。正是基于此，在有效的产教融合组织中，学校、企业、政府、行业协会等分工合作、共同管理，在开展任何活动之前，都应明确各自的权利和义务，并对其后果承担最终的法律责任。这样不仅可以增强企事业单位对此项工作的责任意识，发挥其主人翁地位，而且可以让学校和合作单位在此项活动中的管理工作更为合法、有序，避免了产教融合管理工作的凌乱性。

二、产教融合的原则

产教融合的发展已经逐渐由萌芽发展成了一个成熟的制度。产教融合制度包括了教育、经济、产业和社会发展制度，这些制度只有协同发展才能发挥最大的效应。成功的产教融合制度将构建政府、学校和社会三方新型合作与成长关系，通过这种协同促进形成政府对产教融合进行宏观管理、高校能够自主办学、社会广泛参与的全新产教融合格局，支持社会、行业、企业以资本、知识、技术、管理等要素参与举办职业教育，从而建立健全政府主导、社会参与、办学主体多元、办学形式多样、充满了蓬勃生机的高职教育办学体制，具备政府、行业、企业和高校等多方主体协同融合，推进校企全过程培养人才的特点。根据产教融合的特点，高校在构建产教融合模式的时候应遵循以下原则。

（一）多主体原则

产教融合需要多个主体参与其中，这个原则已经被证明是一个非常重要的原则。高校实施的大学生双创教育涉及政府、学校、行业与企业、学生、社会五大主体，它们在产教融合中实施高校的大学生双创教育承担相应的职能，双创教育也是一个重要的主体，参与到产教融合之中，助推了产教融合的向前发展。全社会要通过舆论的倡导和创业文化的弘扬，促进整个社会民众的心理意识、思想观念、行为准则、习惯以及价值观的转换。同时，让社会力量参与高校的大学生双创教育督导评估工作，形成全社会的推进合力。作为推进校企一体化协同育人模式的另一个执行主体，它们应该与高校对接，形成两个执行主体的合力。要改革校企共建的就业前实践的专门基地建设机制，从资金、设备、场地上为大学生创业实践提供硬件条件，使其在现代企业管理的真实环境中掌握社会主义市场经济运作的技术，在职业技能培养中同步培养创业素质。大学生要转换思想观念，提高双创教育在个人成长成才和促进就业及助推社会经济发展中作用的认识，将其内化为自觉行动。在产教融合中，注重培养产教融合的水平原则包括注重高校自身人才培养产教融合的水平和产教融合人才培养产教融合的水平，高校人才培养产教融合的水平影响着产教融合人才培养产教融合的水平。

第一，政府是高校大学生双创教育的领导和管理主体。高校大学生双创教育发展是否顺利很大程度上取决于政府的支持与助推。正是基于此，国家在宏观层面上政策引领、措施落实、监督和服务体系的搭建都是非常重要的，必须通过出台法律、法规和政策来引导支持和促进高校教育与行业企业深度融合。

第二，学校是高校大学生双创教育的主要执行主体。高校发挥着为社会提供创业创新人才历史重任的主导作用，承担了高校大学生双创教育最重要的角色和职能。

第三，行业与企业是高校大学生双创教育的对接主体和受益主体。具有创业创新素质的高端技能人才，将有力地提升生产力，助推产业创新和转型升级，提高企业的竞争力和效益，最终使行业和企业受益。

第四，学生是高校大学生双创教育的学习主体和受益主体。

第五，社会是高校大学生双创教育的参与主体和监督主体。

（二）自组织原则

产教融合的发展在探索时期主要是依靠学校和企业的自组织发展，在这样的发展过程中，自组织发展逐渐成为一种共识。自组织是指客观事物自身的结构化、有机化、有序化和系统化的过程。高校大学生双创教育各实施主体开展高校大学生双创教育包含自组织行为，具有自组织演变的特性。政府只有在逐渐意识到产教融合发展需要进行调控的时候，这种自组织原则才逐渐被打破。在高校产教融合过程中运用产教融合的水平原则，用符合性、适用性及经济性三个层次去检验产教融合人才培养产教融合的水平情况。用符合性检验人才培养与市场用工需求的匹配程度；用适用性检验所培养的人才是否适应行业企业相应岗位的具体工作；用经济性检验人才将创造的经济效益情况。就职业院校而言，尤其是其自身的发展特点，所以在这里有必要对其做一些阐述。

第一，职业院校的大学生双创教育具有开放性特点，创业能力培养要求突破以往教育体系的封闭性，与社会进行开放式互动教学。

第二，职业院校的大学生双创教育过程具有复杂性，涉及高校和行业、企业不同的专业群、产业类型、规模大小、技术含量、管理方式等多种因素，在教学、科研、生产、管理、市场等多方资源相互作用下，各主体教育过程自组织机制同样具有复杂性和关联性，因而职业院校的大学生双创教育机制形式也应具备多样性，分类组织，分类指导，分类实施。

第三，高职创新高校大学生双创教育具有自发性特点，它处于经济社会发展的宏观环境之中，是动态开放的系统，各实施主体结构通过与外部环境的交换，获得自组织演化需要的各种资源和能量，然后通过组织内部各个要素的交互作用，获得自组织演化的核心能力，从而使高校大学生双创教育机制能够自发调节、自我完善，实现从稳定到不稳定再到稳定的连续有序发展。

（三）协同性原则

与自组织原则相对应的就是协同性原则，产教融合在探索阶段主要依靠的是自组织，但随着发展的深入，各个利益群体需要进行协同发展，且此协同性原则便应运而生。要借鉴协同教育理念，探索政府、行业与用人单位和高校之间整体与部分、各要素或子系统间的协同作用，增强高校的产教融合多主体协同性。协同开展高校的产教融合的关键是协同五个主体，尤其是政府、行业与企业开展高校的产教融合的积极性、主动性。政府要完善法规政策，强化制度的约束力和系统的政策激励；高校要不断提升服务社会的能力，增强协同行业与企业全方位支持和参与高校产教融合的吸引力，提供更多的合作桥梁和纽带；行业与企业要以人才培养为己任，突破仅限于学校主体资源要素利用的协同瓶颈，积极参与扶持校企协同开展高校的产教融合，为学校开展高校的产教融合提供更多资源平台和合作空间；全社会都要强化对高校的产教融合意义的宣传，提高全社会包括大学生对高校的产教融合的认知度和参与度。要协同目的、协同内容、协同资源、协同时间、协同各主体的责任和成果分担，从而构建政府有效宏观管理、行业与企业主动对接、社会广泛参与、学校主导、学生执行的产教融合机制。

产教融合的水平是组织机构、体制机制等事物发展的根本前提和动力。在评价事物产教融合的水平时涉及符合性、适用性及经济性三个层面。高校教育人才培养与市场用工需求间存在较大差异的原因包括：一方面，一些经济发展迅速、产业转型升级较快的地区，其技术技能更新迅速，行业企业对人才的要求是不但要具备较高的技术技能，而且要具备不断学习和提升自身技术技能的能力。高等教育作为以育人为本的教育活动，培养周期较长，难以跟上行业企业的更新速度。另一方面，就高等职业院校而言，受社会文化及历史传统因素的影响，高等职业院校的认可度不高，学生生源产教融合的水平不高。在一定程度上，由此形成的学习风气与动力不强，学生缺乏内在学习动力、外在学习的风气与动力，高等职业院校人才培养产教融合的水平难以提高。但是，高等职业院校也只有提高教育教学、产教融合的水平，提高毕业生社会影响力，才能提高自身社会地位，吸引行业企业参与，提高高职教育产教融合的合作深度。

第二节　产教融合的相关理论

一、杜威"从做中学"理论

（一）"从做中学"理论的提出

美国著名教育学者、专家杜威在教学的过程中会把教学的过程看作一个"做的过程"。他认为，人们"做"的兴趣和冲动都是以人为主体的。人们对知识经验的来源基本上基于主体与客体经验的总结。正是基于此，他强调学校在教育的过程中应该设置成类似于雏形社会的地方，即开设好各类工厂、实验室、农场、厨房等，让学生能够在学校这个"小型社会"之中学习好自己所感兴趣的专业和课程。为此，他还提出了在教学的过程中要安排和编创好实践生产场景的教学方式，即在场景教学之中，激发学生的创造性思维，根据资料策略从场景活动中入手，解决好学生在场景活动中所遇见的问题。这就是杜威所提出来的"从做中学"的教学理论。从杜威对整个教学的主张来看，他主张学生们需要在学校里获得生活和工作中的全部知识，他的这种教学理论对当时社会教育来说具有很好的创新性。

杜威认为，人类获得解决问题探究能力才是最重要的，而这种能力的培养应该通过科学方法的训练来获得。同时，他认为，教学活动的要素与科学思维的要素应当相同，并由此提出了相应的"思维五步"或"问题五步"教学，具体包括：其一，学生要有一个真实的经验情境，要有一个对活动本身感兴趣的连续的活动，即要有一个能实现"做"的情境；其二，在这个情境内部产生一个真实的问题，并作为思维的刺激物，即要有一个可"做"的内容；其三，学生要占有知识资料，从事必要的观察以对付这个问题，即要有一个实现"做"的必要支撑；其四，学生必须负责一步一步地展开他所想出的解决问题的方法，即要有一个完整的"做"的过程；其五，学生要有机会通过运用来检验他的想法，使这些想法意义明确，并且让他自己去发现它们是否有效，即有一个针对"做"的结果的检验。这里的"五步"教学表面上看完全是一个学生"做"的过程，但在"做"的过程中却是对"学"的积累，即在教学过程中与实践相结合，实现学生的"做"，从而完成学生的"学"。

（二）"从做中学"理论的具体内涵

1.学生是学习的主体

在杜威看来，学习对于学生而言，重要的是学生心中那种能够自由选择的感觉，在大胆的"试误"过程中对自身能力的体认和确信。他把学生放在教育过程的中心，认为学生有一种潜在发展的可能性，而教育就是为学生提供优良的环境，使其充分地实现这种可能性。教师必须忘掉试图用来塑造学生的那些成见、先见和理论。人的本性在发展着，向环境中扩张着，寻找那些能满足自身需要的东西。任何对这种发展的阻碍无论它出于怎样的好意，都会是歪曲个性的。这是杜威的"参与者知识观"的认识注定的。学生必须作为一个学习的参与主体来进行学习。

杜威认为，学生是学习的中心，他们是自由的人，而不是受外在摆布的"受"教育者，他们是自己学习的主人。从杜威的"教育即生长"就可以看到，学生的学习和成长是内发的，并借助来自自然的环境。杜威认为生长是指机体与环境相互作用的过程和结果，他指出，人的生长包括两个方面：一是身体的方面，二是心理（或者说智力、道德）的方面。这两个方面是相辅相成的，没有身体的发展，心理的发展是不可能的；同样，仅有心理的发展而没有身体的发展也是不可能的。同时，学生的生长与发展既需要内在条件，即学生现有的生理和心理水平（兴趣、能力和后天形成的习惯）及其发展的可能性（可塑性），也需要外部条件，即学生生长的社会环境。显然，这就需要学生作为主体参与到学习之中，而不能单纯地依靠外力的作用。

2.知行统一

在杜威的学习观中，"做与学"是不可分的，只有学生主动去做，去探究、去实验、去反思，才是杜威所说的真正意义上的学习。知识与行动是紧密结合在一起的，"求知即行动"。学习是依赖于学习者主动地做某件事，在身体上和心智上均是主动地进行学习；学习不是被动地接受和等待别人的灌输，而是不断地在"做"事中进行探究、实验和反思。杜威认为学习获得的知识本身就是行动的过程和行动的结果，探究和反思都处于行动的过程中。知识是行动的知识、实践的知识、动态的知识，是不断变化和进步中的知识。行动也成了主体的基本属性，已有的、外在的知识必须通过个体的行动才能成为个体的知识，这样的知识又成为进一步行动和探究的工具。因此，杜威提出的教学和学习的原则就是"从做中学"，也就是"从行动中学""从经验中学"。他说："从教育上来说，就是要使学校中知识的获得与在共同生活的环境中所进行的种种活动或作业联系起来。"①求知或者说学习就意味着人与充满变化的环境之间的"互动"。互动是自然存在的普遍特性。在所有的生命活动中，生命要维持其存在，就不得不既适应环境又主动地改造环境。而人与环境之间的"互动"也意味着人在环境中不断地"经验"。人在"经验着"，也就是在"学习着"。

杜威认为："有生命的地方就有行为、有活动。为要维持生命，活动就要连续，并与其环境相适应。而且这个适应的调节不是全然被动的，不单是有机体受着环境的塑造，而是主动加以若干改变。""在生物当中是没有只顺从环境的，就是寄生物也不过是接近这个境界而已。要维持生命就要变化环境中若干因素。生活的形式愈高，对环境的主动的改造就愈重要。"②同样，人也总是在"做"中认识生活和自然环境。比如，小孩遭到火烧，感觉着痛苦。"这个动作和感受，伸手和火烧，联结起来。这一件事警醒了他，其余就可以类推了。于是就得了一个意义非常重大的经验。"③这种经验是知识，也是学习。从"经验"这一核心概念出发，教育也是经验的改造或改组，教育所引起的学习就是一种参与者的"主动经验"。在这里，所谓的"做""行动""动作"，主要是指人在与环境的"互动"过程中提出假设、反省探究、解决问题、通过检验、求得知识，这意味着人从冷漠的"旁观者"转变为主动的"参与者"。求知或学习就是形成"实验的智慧"。"智慧并不是一旦得到就可以永久保存的东西。它常常处于形成的进程中，要保存它，就要随时戒备着，观察它的结果，而且要存着虚心学习的意志和重新调整的勇气。"④人的认识行为也从"谛听""静观"转变为"智慧行动"。

所以，学生对知识的理解过程和学习过程并不是一个"教师传授—学生聆听"的传递活动，学生获取知识的真实状况是学生在亲自"研究""思索""想象"中领悟知识，学生是在"行动"中，即"探究知识"中形成个人化的理解，而这里的"理解"并非是把记忆中储存的教材按照要求再现出来的那种"理解"，而是参与者真正的个人理解。此种学习方式属于行知同一的探究性学习。也就是说，真正的知识学习，需要经过个人亲自探索、实验、研究，用自己的眼光重新打量知识，以此种方式获得的知识，将显露其情绪化、行动化的特征，最终落实为"个人知识"。

---

① ［美］约翰·杜威.民主主义与教育[M].北京：人民教育出版社，2001：222.

② ［美］约翰·杜威.民主主义与教育[M].北京：人民教育出版社，2001：44.

③ ［美］约翰·杜威.民主主义与教育[M].北京：人民教育出版社，2001：153.

④ ［美］约翰·杜威.经验与教育[M].北京：人民教育出版社，2005：246.

（三）"从做中学"理论的启发

从上文提到的"思维五步"不难看出，"从做中学"理论在高等教育中应用，具体体现在师生关系的准确定位以及教学方法的合理运用上。实施"从做中学"初期，常常会出现一个角色误区，认为教师是"做"的准备者，即为学生准备好所有资料和设备，而在学生真正"做"的时候，教师也不过是个旁观者。如果以这样的态度处理"从做中学"，其结果便是学生盲目地"做"，却谈不上"学"。强调"从做中学"，并不是对教师的忽视，无论把课堂搬到实验室还是工厂，无论教学中采取什么方法，都不能缺少的一个人就是教师。只不过此时的教师不再是"一言堂"的主人，而是一个"方向标"。他的具体作用有三个，具体如下：

第一，为学生营造一个真实的经验情境，并提出一个能引发学生兴趣的问题。

第二，是在学生实际"做"的过程中出现错误、疑惑、困难或有所发现，有争论时进行有目的、富于智慧的引导，当学生有操作经验之后进行提炼、总结，等等，否则学生的操作可能是无效或低效的。

第三，给学生创造一个可以检验其"做"的结果的机会。"从做中学"理论的中心是学习者本身，是学习者通过"做"，形成"思"，最终实现"学"，是学生通过自己的努力获取知识与培养能力的过程。在这个过程中，既少不了教师这根"指挥棒"的引导，更少不了学生自身的操作与思考，学生只有通过实际的动手与动脑，对问题进行分析处理，才能在"做"中体会知识的运用。

随着我国高等教育的发展，教学方法越来越注重其实践性，强调与社会相结合，与用人单位的需求相结合，突出学生实际动手能力的培养，但无论采取什么样的教学方法，在其具体运用的时候依旧落点到"教与学"上。传统观念认为，所谓"教"，就是教师站在讲台前，通过语言、行为，再配合教具、多媒体课件等手段展示教学内容，而"学"就是学生坐在教室里去听、去看、去写。在这个观念的理解中，处于关系上位的教师必须做出教授、告知的行为才是"教"，否则教师就会被认为是偷懒，不负责任。这是过于关注"教"的行为表现。至于教师"教"的行为对学生的"学"是否有实际的效果就不在研究范围了。而"从做中学"却是对"教"的另一种更为人性化的诠释，"做中学"绝不意味着让学生"做"就行，而是必须在教师指导下富有意义地"做"与"思"。这其实是把"教"的过程融入实际的情境中，教师在学生"做"的情境中教。要达成"做"以成"思"，"思"建立在平等与对等的关系上，平等的价值高于对等，没有平等就无法谈及对等，平等是对等的前提。

二、陶行知"教学做合一"理论

（一）"教学做合一"理论的提出

我国著名现代教育家、思想家、学者陶行知先生具有美国留学的经历，在留学过程中师从杜威、克伯屈等美国最具影响力的教育学家。他在回国之后，便积极地将其在美国所学习到的先进的教育思想与中国当时的国情结合起来进行教育工作。终于在 1926 年，陶行知先生开创了自己的生活教育理论。陶行知先生提出了三大教育理论，即"生活即是教育""社会即是学校""教学做合一"的教育理论。"生活即是教育"则是重中之重。在陶行知先生看来，教育如果脱离了生活，那么教育就是死的，没有生活作为中心的学校教育是一种死的教育。他的生活教育理论在当时中国社会的反传统与反对旧教育中具有非常重要的意义和作用。而他的"教学做合一"理论则深刻地批判了旧社会教育中所存在的不足之处，同时给出了相应的、具体的解决问题的办法和方式。这种教学理念的改革和践行对于当时的社会来说具有非常好的作用。同时，他还强调，教学应该同实际的生活方式结合起来，这就需要教师们运用好新的教学方式，根据"学"的方法来进行教学。"教"与"学"都应该以"做"为中心，而"做"才能够让学生们获得全面的知识能力。

（二）"教学做合一"理论的基本内涵

陶行知先生经过不断摸索和体验，从"教授"到"教学"，从"教学"到"教学做"，再到"教学做合一"，其内涵在不断丰富。

第一，"教学做合一"是生活教育理论的方法论。陶行知认为，"教学做合一"是生活现象的说明，首先是生活法。通过"教学做合一"，人们在事上做，做后有所收获，会的教人，不会的跟人学，是生活中不知不觉随处可见的现象。因此，生活中处处有"教学做合一"，生活中通过"教学做合一"处处受教育；"教学做合一"也是教育法，它的含义是教的方法根据学的方法，学的方法根据做的方法。是怎样做便怎样学，怎样学便怎样教。"教"与"学"都以"做"为中心，"在做上教的是先生，在做上学的是学生"。在生活中通过"教学做合一"，实现了生活和教育、学校和社会的有机统一。

第二，教学做是一件事，不是三件事。从"教学做合一"的提法上看，"教学做只是一种生活之三方面，三位一体，而不是三个各不相谋的过程"。那么，"教学做合一"是如何统和成为一件事呢？这个中心就是做。"不在做上用功夫，教固不成为教，学也不成为学"。一个活动中通过在事上做，对自己来说是在学，对别人而言就实现了教。"教学做合一"通过"做"这一实践活动将"教"和"学"有机统一起来。

第三，"教学做合一"以"做"为中心。陶行知指出，盲行盲动和胡思乱想都不是"做"，真正的"做"必须是在劳力上劳心的实践活动。劳力上劳心不是二者并重，而是用心思来指挥力量，做事时轻重得宜，探明对象变化的道理；"做"是发明，是创造，是实验，是建设，是生产，是破坏，是奋斗，是探寻出路，是"行动、思想、新价值之产生"的过程，同时利用新的理论去指导生活实践，促使生活不断前进。此外，"做"与生活、人生共始终，是活人必定会"做"，且必须"做"。活一天就要"做"一天，活到老就要"做"到老。

第四，"教学做合一"要培养有生活力的人。陶行知指出："我们深信教育应当培植生活力，使学生向上长。"[①]培养的方法就是"教学做合一"。当然，不同的学校有各自特殊的目的。以乡村师范学校为例，陶行知认为，通过"教学做合一"培养的总目标是乡村人民儿童所敬爱的导师，这些总目标分为五个小目标，即康健的体魄、农人的身手、科学的头脑、艺术的兴味、改造社会的精神。可以看出，不论在何种学校，通过"教学做合一"，学生在"做"中养成强健的身体，增加抵抗疾病和克服困难的体力，获得征服自然、利用和改造自然的谋生力，具有解决问题、担当责任和改造社会的生活力。

（三）"教学做合一"理论的特点

1. 师承性

陶行知在美国哥伦比亚大学读书时师承杜威，其"教育即生活""学校即社会""从做中学"，对陶行知产生了深刻的影响。1917年，陶行知回国初就积极介绍和践行杜威的教育学说，教学法上尤其赞成杜威的五步思维法，提出了教学法"最好是把杜威的思想分析拿来运用"，但在应用后发觉"此路不通"。杜威的教育理论虽不适用于中国，但成为"教学做合一"产生的重要思想基础之一。陶行知明确表示："教学做合一是实行'教育即生活'碰到了墙壁把头碰痛时所找出来的新路……没有'教育即生活'的理论在前，绝产生不出'教学做合一'的理论。"[②]可见，杜威"从做中学"和五步思维法为"教学做合一"的产生提供了养分，又成为"生活即教育"产生的源泉。

---

① 陶行知.我们的信条[J].新教师，2018（4）：1.

② 江峰."教学做合一"——从做事到做人[J].南京晓庄学院学报，2007（2）：25-32+106.

2.传承性

我国古代对知行关系的精辟论述是"教学做合一"产生的思想基础。其中王阳明的"知行合一"说，墨子的"亲知""闻知""说知"，孟子的"劳心者治人，劳力者治于人"的知重行轻观对陶行知的影响最大。对王阳明和孟子知行观的批判和对墨子思想的继承成为陶行知批判和树立正确知行观的思想源泉。此外，其他传统知行观：孔子的"行有余力，则以学文"，"必有事焉"；荀子的"戡天"思想；颜元对"格物"所做的"亲下手一番"的解释等等。这些都充实了"教学做合一"中"做"的内涵。"教学做合一"是在批判我国唯心主义知行观以及继承我国唯物主义知行观优良传统的基础上形成的，其理论内涵还体现了我国古代教学传统中可资借鉴的一些优良传统。例如，"教学相长"原则在"教学做合一"中体现为先生要一边教一边学；墨子注重生产劳动相结合的教学思想内化为"教学做合一"中注重让学生"做中学"的内涵。

3.批判性

陶行知对传统教育只重视教及不见人的流弊深恶痛绝，明确提出要注重学生的学，不要将学生当作"书架子""字纸篓"。陶行知提出"教学做合一"，强调教与学、学与用、知与行、理论与实践的结合，强调先生要教学生学，教的法子一定要依据学的法子，使学生能自得，大家都在行动上追求真知。同时在它的运用中，教育与生活、学校与社会紧密联系起来。这在我国教育史上是一种创举，也是对那种脱离实际而无视学生生活和兴趣的做法进行最为有力的抨击和改造。此外，陶行知还针对"洋八股"不适合我国教育教学改革具体国情的做法进行了批判。"教学做合一"是在批判"老八股"和"洋八股"均与学生生活无关而提出并发展的。

4.主体性

陶行知身处中西文化洪流交汇之时，深受当时广为流行的西方进化论、民约论及资产阶级民主共和思想的影响，他非常尊重个人价值和创造精神，呼吁每个人都要发挥应有责任，其"教学做合一"特别强调每个人要去"做"，在"做"上下功夫，提出做上教的是先生，做上学的是学生，大家都是在做上相教相学。他呼吁尊重学生，提出"不愿拜小孩子做先生的人，不配做小孩子的先生"。在尊重学生主体地位的基础上，陶行知指出要对学生因材施教，"我们要晓得受教的人在生长历程中之能力需要，然后才能晓得要教他什么和怎样教"。

5.实践性

陶行知深受辩证唯物主义的影响，特别注重实践和对立统一的观点。他提出了"行动是老子，知识是儿子，创造是孙子"的断语，又指出了"行动生困难，困难生疑问，疑问生假设，假设生试验，试验生断语，断语又生了行动，如此演进于无穷"的科学生活步骤，论证了"劳力"和"劳心"，"知"和"行"，"教"与"学"等矛盾关系的对立统一。在此基础上，他特别注重做，做就是"必有事焉"，要参加实际活动，在实际活动中思想和生活，理论与实践相联系。陶行知的实际活动包括教学实践，也包括社会实践。在陶行知看来，不仅实验、实习和作业等教学活动是做，就是看书、讲解等教学活动也都是做。比如，种稻是做，那么为种稻而看书、讲解，看书、讲解同样是做。陶行知不反对读书，但反对事事依赖书。他对于书的根本态度是过什么生活用什么书，做什么事用什么书。书是一种工具，一种生活的和"做"的工具。在陶行知看来，要想让教与学真正发挥实际效用，必须将二者统一到生活实践中来。

6. 连环性

"教学做合一"的连环性，首先表现在它是生活法，又是教育法。在生活里，对事说是做，对自己的进步或退步说是学，对别人的影响是教，三者通过"做"有机整合在一起。"教学做合一"是生活的方法，同时也是教育的方法，"教学做合一"的连环性就在于生活与教育二者相连，彼此沟通。"教学做合一"的连环性还体现在教学做三者是一个互相沟通的等边三角形，三者的连环主要体现在做为中心，在做中教，在做中学。通过做的沟通，三者没有绝对界限，而是插上电流就可以循环流动的等边三角形。最终通过"教学做合一"，教育活动与社会生活统一起来，"使教育与大社会发生血肉的关联"促成"生活即教育"和"社会即学校"。

三、福斯特的产学合作理论

英国著名学者、教育家福斯特在现代产学合作中具有非常重要的代表价值，他的产学合作理念对教育界的发展来说具有很高的战略性。福斯特认为，当前许多职业教育计划难以实现都是因为受训者缺乏必要的基础理论知识与基础技能知识。正是基于此，福斯特认为，产学合作的过程中应该首先从课程职业化设计出发，以理论基础为切入点，最终搭建就业化平台。同时，职业院校中的中、低级人才的培养应该注重走"产学融合"的道路。正是基于此，学校在开展各种职业培训计划的过程中应该从以下几个方面进行培养和改造：

第一，要控制好地方工科院校发展的规模，在拓展学生能力的基础上要结合社会经济发展的现实状况。

第二，要改革好地方工科院校的课程内容，多设置一些工读交替的"三明治"课程。

第三，要控制好地方工科院校中生源的比例，有可能的话让在职人员成为地方工科院校生源的主要来源渠道之一。福斯特产学合作的理论对包括中国在内的发展中国家的教育来说具有很好的借鉴作用。

福斯特是当今国际职业教育理论界深具影响力的著名学者，多年来致力于职业教育理论的研究。他早年毕业于伦敦大学经济学院，曾经担任过美国芝加哥大学教育学和社会学教授、比较教育中心主任；澳大利亚麦夸里大学教育学教授兼院长；美国纽约州立大学教育学和社会学教授。福斯特以他的《发展规划中的职业学校谬误》一文而闻名于世。此文发表于1965年，其许多关于职教发展的重要思想包含在此文中。福斯特职教思想的许多观点被世界银行借鉴，成为当今指导各国职教发展政策性文件的重要组成部分。20世纪60年代，正是西方"发展经济学"盛行时期。这一理论提出：发展中国家的经济增长"可以让政府去发挥主要作用"；可采用"集中的、非面向市场的计划模式"。受其影响，当时教育理论界有人提出了"人力资源说"，即主张学校可以根据政府的经济发展计划和"长期性的人力预测"来提供一定数量的训练有素的人力储备为经济发展服务。在教育发展战略上，这一学派主张发展中国家通过重点投资学校形态的职业教育和在普通学校课程中渗入职业教育内容来促进经济发展。人力资源说在当时得到了包括联合国教科文组织和世界银行在内的一些国际组织的支持，成为当时发展中国家教育与经济发展的指导理论。这一学派的观点以当时英国经济学家巴洛夫为代表。

而针对巴洛夫的主流派理论，作为长期致力于发展中国家教育理论研究专家的福斯特，以他多年来的研究成果为依据，写下了《发展规划中的职业学校谬误》这一名作，从教育发展的一些根本问题上系统地阐述了他的职教思想，提出了许多与巴洛夫为首的主流派不同的观点，从而在职教理论界引发了一场长达二十多年的大论战。最后，福斯特由少数派成为当今职业教育界最有影响的主流学派。福斯特的职业教育思想反映在《发展规划中的职业学校谬误》这篇名作以及他以后发表的文章中，可对其主要思想和观点进行以下概括：

（一）职业教育必须以劳动力就业市场的需求为出发点

福斯特认为，受训者在劳动力市场中的就业机会和就业后的发展前景，是职业教育发展的最关键因素。正是基于此，职业技术教育的发展必须以劳动力就业市场的实际需求为出发点。

（二）"技术浪费"应成为职教计划评估中的一项重要内容

福斯特注意到，许多发展中国家职教毕业生的就业岗位与其所受的专业训练不一致，从而他提出了职教中的"技术浪费"问题。他认为"技术浪费"通常是以下三个方面的原因造成的：一是国家为促进经济发展提前培训某类人才，但现有经济并不能利用和消化这些人才；二是市场需要这些人才，但被安排到与训练不相关的职位，所用非所学；三是市场需要这类人才，但职业前景和职业报酬不理想导致职业教育毕业生选择了与培训无关的职业。对这种"技术浪费"、资源缺乏的发展中国家应足够重视，把它纳入职业教育计划评估，并作为其中的一项重要内容。他还认为尽管"技术浪费"现象在发达国家也存在，但在发展中国家更严重，而由于发展中国家的资源更加有限，所以这种"浪费"更应该得到足够的重视。

（三）职业化的学校课程既不能决定学生的职业志愿，也不能解决其失业问题

以巴洛夫为首的主流派认为，通过学校课程的职业化可引导学生的职业志愿，从而避免学生不切实际的就业愿望，减少失业。福斯特认为，学生的职业志愿更多地由个人对经济交换部门的就业机会的看法决定，学校课程本身对这一选择过程并无多大的影响；失业的原因并不简单是学校课程上的缺陷，很大程度上是劳动力市场对受训者缺乏实际需求。

（四）基于简单预测的"人力规划"不能成为职业教育发展的依据

20世纪60年代是"人力规划"最时兴的时期，大规模人力预测成果作为各级各类教育与人才培养的依据，对职业教育的影响尤为突出。福斯特对此持批评态度。第一，他对人力预测的准确性表示怀疑，他认为"经济交换部门的增长率是很难准确估计的"。第二，他对人力规划的后果表示担忧，因为一旦经济增长率不足以吸收和消化人力规划所培养的人才，不仅会造成人力和物力浪费，还会加重社会上的失业状况。应当指出的是，在计划经济下大规模计划是行不通的，但与实际发展密切相关的小规模的培训计划还是应提倡的，福斯特反对的是那种脱离市场的"大规模的"人力规划，他支持那种"与实际发展密切相关的""小规模的"职业教育计划。这也是他所强调的"职业教育发展必须以劳动力就业市场的实际需求为出发点"。

（五）职业学校谬误论

巴洛夫等人主张发展中国家用职业学校培养初、中级人才。福斯特从职校体制内部指出"学校形态"职业教育办学方式的局限性和一些自身难以克服的缺陷，具体包括：职校办学成本高；培训设备很难跟上现实要求；发展中国家职业学校学生不甘于放弃升学的希望，把职业教育课程作为升学的奠基石，学生期望与职业教育规划者志愿相悖；学校所设课程往往与就业岗位所需经验格格不入，所学技能往往与现实职业要求不符，职业培训与职业工作情景不相关；

不易找到合适的师资等。另外，职业院校的学制较长，一般要三年左右，不能对劳动力市场做出迅速而灵活的反应。正是基于以上原因，福斯特认为，学校本位的职业教育最终难免失败的命运。正是基于此，就结果而言，职业学校只能是一种"谬误"。

（六）倡导"产学合作"的办学形式

福斯特认为，职业院校在人才培养上有规模效益，但鉴于职业院校本身一些难以克服的缺陷，必须对职业院校进行改造。最重要的措施是走产学合作的道路。如改革课程形式，多设工读交替的"三明治"课程；实践课尽量在企业进行，缩小正规学校职教与实际工作情景之间的距离等。另外，在生源方面，可招收在职人员。总之，职业教育和培训逐渐从学校本位走向产学合作。

（七）职教与普教的关系是互补关系而非替代关系

福斯特指出，成功的职教需要成功的普教作基础。随着社会生产力水平的提高，生产过程要求人才具有更为深厚的文化基础知识。学生具备扎实的文化基础也有助于提高其以后的继续教育能力和职业转换能力。正是基于此，要在扎实的普教基础上开展职业教育。

福斯特长期从事职业教育理论研究，并在大量调查研究的基础上提出其职教思想，有着坚实的理论和实践基础。当然，福斯特职教理论主要是基于当时非洲几个发展中国家职业教育发展的实践得出的，难免有其局限性。并且其对学校本位的职教持否定态度，显然是不符合我国的现实状况的，但其产学合作的理念对于我国高等院校实施产教融合仍然具有一定的指导和参考意义。

四、协同论理论

（一）协同与协同论

协同论亦称协同学或协和学，是研究各类完全不同类型的系统内各子系统相互矛盾而又互为合作，共同促进系统整体具有新的有序状态所呈现出来的特定规律的理论。它是研究不同事物共同特征及其协同机理的新兴学科，是近十几年来获得发展并被广泛应用的综合性学科。它着重探讨各种系统从无序变为有序时的相似性。协同论的创始人哈肯说过，他把这个学科称为"协同学"，一方面是由于我们所研究的对象是许多子系统的联合作用，以产生宏观尺度上的结构和功能；另一方面，它由许多不同的学科进行合作，来发现自组织系统的一般原理。协同论认为，所谓协同是指为实现系统总体演进目标，各子系统或各部门之间相互配合、相互协作、相互支持而形成的一种良性循环态势。它侧重强调双方或多方在同一时刻具有相同的地位，不可替代的作用和同心合力、相互依存、相互配合的关系，它强调系统内部各子系统或者各部门之间的合作而产生的新的结构和功能。

（二）协同管理与协同效应

协同论具有广阔的应用范围，它在物理学、化学、生物学、天文学、经济学、社会学以及管理科学等许多方面都取得了重要的应用成果。在企业集团研究中，协同管理是一个重要理念，它是指基于所面临的复合系统的结构功能特征，运用协同学原理，根据实现可持续发展的期望目标对系统实现有效管理，以实现系统管理协调并产生协同效应。它是复合系统内各子系统原有不同文化、执行战略、组织机构与作业方式等方面不协同的一种整合。

与协同管理相提并论的还有一个关键词，即协同效应。在企业集团研究中，协同效应是指合并、重组或兼并两个或多个子企业的总体效应（价值）大于原来各个子系统（企业）效益（价值）的算式和，用公式表示为 S=VA+B-（V+VB）。其中 S 代表协同效应，VA+B、VA、VB 分别表示为组合后复合系统（即企业集团）的价值、组合前 A 企业的价值和组合前 B 企业的价值。

（三）协同管理的特征

对企业集团而言，协同作为一种资源配置方式，主要通过对企业有形资源包括对企业人力、资金、物力以及组织管理等方面的资源共享和对企业无形资源包括对企业品牌、企业形象、商誉以及企业商标权、专利权、特许经营权的共享来创造价值。协同管理的主要特征有：第一，目标性。协同管理是以实现系统总体演进目标为目的的，没有系统总体演进目标，就无须各子系统或部门之间的相互合作、相互支持和相互促进，系统也就失去了方向性和存在的必要性。第二，联合性。协同管理是系统在一定的外部环境条件约束下，对系统内部各子系统或各个部门之间的相互联系。系统若无法组织协同，无法使各种子系统或各个部门构成一个整体，也就没有必要组织它们相互合作、相互配合。第三，网络性。协同管理是以系统外部环境与内部各子系统或各个部门为基础，只有全面掌握，详细划分系统总体中的事物或现象，并形成多层次、多角度、全方位的主体网络体系，才能有效地组织系统协同工作。第四，动态性。系统协同管理是动态的，而不是静止不变的。系统内各个子系统或各部门之间相互联系以实现系统总体目标的过程中，需要根据系统发展情况，及时给予调控，修订各个子系统或各个部门的目标，以保证系统总体目标的实现。

（四）产教融合协同管理的目标与范畴

1.协同管理的目标

产教融合是由区域内的高校以及主要行业企业，在平等自愿、互惠互利的原则上，以合作契约为基础组织而成。从协同论的角度看，这种合作关系可以看成由高校、行业企业等子系统构成的复合系统，这一复合系统虽然是非营利性组织，但它不可避免地具有经济属性，它产生的前提是各个子系统的共同利益。其不断发展的动力源泉在于，通过对学校、企业、政府部门等的"协同管理"，取得"协同效应"，即充分利用合作平台，整合区域内教育的有效性，降低行业企业人力资本与技术资本交易的成本。

2.协同管理的范畴

学校与企业之间取得这种协同效应，该从哪些方面进行协同管理呢？笔者认为其至少应包括以下四个方面：

第一，利益协同。利益协同是高校与合作企业以及政府相关部门协同管理需要首先处理好的问题。区域内高等院校之间存在着教育资源、生源、就业等多方面的竞争，而企业作为非教育组织，在与高校合作过程中其主要动机包括获得人力资源补充、获取由社会声望提升带来的广告效应、获得政府相关税收优惠以及获取优势高校的知识支持等，而高校由于教学需要不得不占用企业生产资源，甚至影响企业正常生产。因此，如何处理好企业与牵头学校、成员之间的利益关系，实现各个子系统，即参与单位的利益最大化，达到"多赢"目的，是产教融合长效发展机制中协同管理的首要问题。这一问题处理不好，势必影响到参与单位的积极性，影响到系统目标的实现。

第二，战略协同。利益的不同，甚至利益冲突的存在，势必影响到子系统或各个部门对复合系统存在价值认识上及发展战略设计上的矛盾与冲突。就产教融合而言，地方政府相关部门对其价值期待能引领区域内高校的协调发展，促进地方经济转型、产业升级，促进社会和谐发展，它在考虑高校与企业间合作发展战略时必然是站在区域全局的高度思考的。高校之间、相关企业之间由于利益的冲突，它们对学校与企业之间的合作关系的价值期待必然有"利己"的特征，因此必然存在矛盾和冲突。可以说，基于利益协同的战略协同是产教融合长效机制建立的前提。统一的战略目标，是校企合作健康发展的方向保证。

第三，资源协同。对复合系统进行协同管理是一个创造价值的过程。资源协同，其实质是各子系统或各个部门资源进行整合以充分利用的过程，它是发挥协同效应的关键所在。高校与区域内企业的合作，为区域内高校之间教育资源的整合、行业企业与学校之间的人力资源开发以及技术服务提供了平台和交易规范，它减少了资源的浪费，大大节约了交易成本，有效提高了教育质量。资源协同是高校与企业合作发展中协同管理的重点和主体，有效推进资源协同，不断提高资源利用率，减少资源浪费，是判断高校产教融合成功与否的重要标志。

第四，文化协同。文化协同是指在高校与相关企业合作关系创建和发展过程中，将相异或矛盾的文化特质，通过互动、对接、整合后形成的一种和谐、协调的文化体系，它应当是高校与企业协同管理的最高阶段。通过协同管理，行业企业的不同文化与不同高校的育人文化，在牵头学校的引领下，在政府主管部门的指导下，形成校、企合作发展共同的价值观信念，形成调节系统内部利益共同遵守的准则和行为方式，形成统一、有效而又富有特色的管理与运营模式，这对于高校与企业的长效合作机制的健康、可持续发展具有隐性且持久的推动力。

第三节　产教融合的功能作用

产教融合就是将生产与教育有机结合起来，实现理论知识的传授和实践知识的传授的有机协调与融合，提高学生的实践能力。通过产教融合、校企合作，能够为学生在理论学习之余，提供更多的实践机会，培养学生的岗位能力和实践水平。产教融合将企业、学校、政府、社会组织等结合起来，进行资源整合与优化配置，实现取长补短、优势互补，提高教师的素质。产教融合对高校教师提出了新的要求和挑战，高校教师只有不断自我提升才能适应产教融合的教学要求。正是基于此，产教融合对提高教师产教融合的水平大有裨益，助推教学改革。产教融合是高等教育的新形式和新思路，是对高等教育的一种创新。在对产教融合教学模式进行探索与发展的过程中，高校的课程设置、教学内容、评价方式等都面临着调整和变革，进而助推高等教育改革的深入。产教融合的根本任务是通过创新教育形式、整合教育教学的资源、提高教育产教融合的水平，达到提高学生的岗位技能和实践能力、满足社会需要的目的。同时，产教融合有利于企业的技术革新、生产水平和效率提升，促进企业的高速和高质量发展。由此可见，产教融合是实现学校和企业共同发展、全面提升的重要手段和有效途径，是高校教育价值、社会价值和经济价值的集中体现。产教融合促使高校按照企业的需求培养人才，并将理论学习与实践知识的传授和科学研究结合起来，为企业发展提供强有力的人才支持和智力支持，提升我国企业的综合实力，促进社会主义市场经济的高速度和高质量发展。下面，笔者将从高校、企业、师生三个方面着手，具体分析产教融合的功能作用。

一、高校方面

（一）有助于推动人才培养模式的转变

高等教育的目标除了传授学生知识之外，还要培养具有正确职业理想和良好职业道德、动手能力强、综合素质高、能够就业、适应社会并促进社会发展的人才。树立新的质量观和人才观，加快推进高等教育人才培养模式的根本性转变，即由传统的以学校和课程为中心向工学结合转变。应该看到，这种人才培养模式的转变是以校企合作办学模式为基础和前提的。

当然，推进产教融合，要找准高校和企业双方利益共同点，建立企业与学校合作的动力机制，实现互惠互利、合作共赢。高校要紧紧依靠行业企业办学，主动寻求行业企业的支持，以服务求支持，以贡献求发展。要注重探索校企合作的持续发展机制，在管理制度和合作机制上下功夫，注重建立学校和企业之间稳定的组织联系制度。鼓励校企合作方式的创新，可以是人力资源培养与使用方面的合作，学校为企业提供实习学生，企业为学生提供教育教学实训环境；可以是学校依托企业培训教师，定期安排教师到企业实践，企业也可以将自己的优秀员工派往学校提供教学服务，同时依托高校进行职工培训和后备职工培养等。

（二）有助于高校教学改革的深化

随着社会的快速发展和对人才需求的提高，高校教学模式的改革已然是迫在眉睫，而产教融合的设施，对于高校教学改革的深化无疑起到非常积极的促进作用。

1.促进教学模式的改革

要突破传统以学校和课堂为中心的封闭式教学组织形式，密切与企业的联系，发挥学校和企业的各自优势，把教学活动与生产实践、社会服务、技术推广及技术开发紧密结合起来，就要处理好"工"与"学"的关系，积极推进学生到企业等用人单位顶岗实习，努力形成以学校为主体，企业和学校共同教育、管理和训练学生的教学模式。在开展顶岗实习的过程中，高校可以按照特定的专业培养目标，安排学生一定时间在企业工作岗位上实习。至于时间的确定，可以集中在一段时间内将学生安排在企业岗位上实习，也可以在保证总量的前提下，将学生在企业的时间分成若干部分，与学校教学活动交替进行，既可以集中完成，也可以分阶段完成。总之，在工学结合的具体教学组织形式上，提倡解放思想，实事求是，以确保教育教学质量为原则，鼓励工学结合教学组织形式的多样化。

2. 促进教学内容改革

目前的高校教学计划多注重专业学科体系，对实践教学环节重视不够，特别是不能及时根据行业发展和社会人才需求变化调整、更新内容。教学计划中理论知识传授的内容偏多，占用了大部分学时，没有足够的时间安排学生参加生产实习。当然，理论性的知识学习是基础，不可忽视，但实践性的内容同样重要，尤其对于一些实践能力要求较高的专业，更需要注重学生实践能力的培育。因此，需要对现行的教学计划进行调整。在指导思想上，要努力突破专业学科本位思想，注重安排提高学生实践能力和综合素养的内容。在确定教学目标时，要做到市场和社会需要什么人才就培养什么人才，注重培养学生具备适应企业工作岗位的实践能力、专业技能、敬业精神和严谨求实作风，提高学生的综合素质。在专业设置上，必须瞄准市场，及时调整教育教学内容，设置专业和培训项目。在具体的教学内容安排上，以学生理论知识和实践能力并重为导向，尽快调整职业学校课程结构，合理安排文化基础课程和实训课程的比例。

（三）有助于办学资源的积聚

在产教融合中，高校办学资源的积聚主要表现在两方面。一方面，有利于积聚政府资源，充分利用政府的调控职能和政策制定者优势，发挥政府在高等教育中的主导作用，包括人、财、物等资源政策，校企合作政策等。从某种意义上说，这种资源虽然抽象，但受益面相当广泛。另一方面，有利于集聚企业资源，企业需要高校的服务，也能给高校的发展带来更多的机会，如学生实习就业的机会、教师实践和锻炼的机会，这些都是学校办学不可或缺的资源。在合作过程中，必然会相得益彰、互动发展。

二、企业方面

（一）有利于减少人力资源成本

随着企业的发展，企业对人才的需求量也随之增大，但是由于许多毕业生往往无法达到用人单位的岗位要求，需要企业在他们上岗前对他们进行二次培训，这样大大增加了企业的人力资源成本，同时由于现在人才的流动性增大，许多企业在付出了沉重的培训成本之后往往无法获得应有的收益。校企合作将学习与工作、理论与实践、学校教育与企业用人需求有效结合起来，完善了学生的知识结构，提高了学生的动手能力。通过建立校企合作管理，学生能够在毕业时达到其岗位要求，从而在一定程度上降低了企业的人力资源成本。

（二）有利于企业经济效益的提高

从现实来看，企业发展的动力源泉是经济效益，企业只有赢利，才能发展。而影响经济效益的因素是多方面的，包括产品、成本、资金、技术、人才等。在具体的生产过程中，企业往往会遇到技术人员等方面的难题，如果仅仅依靠自己，解决问题有一定难度或者周期过长，影响企业的绩效。这就需要和高校进行合作，来解决自己的实际困难。

从学校来说，它可以为企业提供较多的学生劳动力，因为是合作的关系，所以在对学生支付的薪酬上可以降低，从而使企业能降低成本。而学生通过长时间的在校学习，一般都掌握一定的技术，学生到企业去顶岗实习，既可以锻炼自己，也可以发挥技术优势，帮助企业提高利润。在产教融合中，学校还可以为企业提供较强的师资队伍，教师通过带队实习、检查指导等形式，参与企业生产，帮助企业解决一些难题。显然，解决了技术和人员这两个难题，企业自然达到了增效增收的目的。

（三）有利于企业技术创新

从我国当前的实际情况来看，作为知识聚集地，高校以及科研机构每年都有大量的新成就，但通常情况下，这些科研成果往往要经过较长时间才能转化为经济效益，其主要原因是企业和学校、科研机构联系不紧密，合作较少，双方互不了解，使得技术推广难度大。随着现在社会竞争的加强，企业要发展、要提高经济效益，就要缩短技术创新的时间，降低成本，提高效率。开展技术创新和产品改革已经成为企业维持和获取竞争优势的重要手段，而单纯依靠企业自身积累远远不能满足社会快速发展的需要，因此，通过学校与企业相互间的合作，可以使学校的成果快速转化为实际，甚至双方可以沟通研发新技术、开发新产品。

三、师生方面

（一）有利于打造"双师"素质师资队伍

高素质的师资队伍是提高高校教学质量和人才培养水平的关键要素。通过产教融合中的校企合作，高校的教师可以定期以脱产或半脱产形式到企业单位进行跟岗实践锻炼，很好地弥补岗位能力和实操能力不足的缺陷；同时，企业单位的专业技术人员和高级管理人员经过适当的岗位培训后也可以到高校进行兼职教学，从而解决实践教学师资不足的问题。由此可见，与企业的深度融合能够为高校培养一支具有高素养和高技能的"双师"素质师资队伍，从而优化师资结构，提高师资水平。

（二）有利于培养学生的职业能力

在产教融合模式没有开始前，学校因为各种主客观的原因，使得各专业的实习实训条件不能达到课程标准。而通过校企合作可以让学生选择与专业对口的实践工作，学生要转变自己的身份，以一个职业人的要求完成用人单位交办的工作，到毕业时，学生就有了相关专业领域的工作经验，有些甚至还未毕业就取得了相关的从业资格证书。由此可见，通过校企合作，可以培养学生的动手能力、综合分析能力、独立完成工作的能力和应变能力等职业岗位能力，从而完成学生从"学生—学徒—职业人"的转变。

（三）有利于拓宽学生的就业途径

通过校企合作，能够及时帮助学生掌握就业信息，实现学生就业和企业用工的顺利对接。目前，应届毕业生在谋求就业遇到的障碍之一是信息不对称，不能获得必要、及时的就业信息，这在一定程度上导致学生付出很大的经济、时间和机会成本，而不能找到适合自己的就业岗位。通过校企合作，极大地增加了学生接触企业等用人单位的机会，使他们在实际生产和服务过程中，熟悉企业对人才素质的要求，了解企业聘用新员工的意向，直接或间接获得有月的就业信息。同时，通过校企合作，把握了行业发展趋势，掌握了企业用人需求，实现了"订单式"培养，有助于改善毕业生的就业状况。尤其在现在的大环境下，拓宽学生的就业途径，提高学生的就业率就显得更为重要。

第二章　学前教育专业人才培养阐释

第一节　学前教育及其相关概念

一、学前教育概述

（一）学前教育的概念

1.教育

教育是人类社会特有的一种自觉地、有目的地促进人的发展的活动，主要是发生在年长一代和年轻一代之间的教导与学习互动，旨在促进受教育者的社会化与个性化，从初生的自然人逐步成长为能适应社会并能促进社会发展的人。在人类社会的发展过程中，教育是老一辈和新一代之间的文化传承机制，也是社会发展和个人发展相互作用的机制。这种机制主要是通过学习、运用、创新前人或他人积累的经验包括语言、文字、生产、治理、科学、技术等方面的知识以培养社会和时代所需要的人和各种专门人才来实现的。故教育是人的发展与社会发展的中介活动，其主旨在于以人为本、育人成人，培养人成为他所生存的那个时代的社会实践主体，引导人和社会的持续发展。故有目的地培养人是教育的立足点，是教育价值的根本所在，是教育的本体功能。任何教育，只有通过有目的地培养人，才能促进个人成长、服务社会发展。如果否定了教育的育人价值，就否定了教育的社会价值，教育对社会便将无所作为。

教育是随着社会的发展而发展的，因而人们对教育的认识及其概念的界定，也会随着教育的发展而相应地发生变化。在原始社会的初期，教育就已存在，但并没有从社会生活中独立出来，没有成为人们关注的对象，也无须命名。随着学习书本知识以培养人才的教育成为一种专门的育人活动后，教育活动才受到人们的关注与命名。开始，人们对其称呼不一，在发展过程中逐渐统一称之为学校教育。而且，人们的教育视野长期受到学校教育实践的局限，难免很狭隘，往往只把上学读书当作受教育，不把家庭教育、劳动中师带徒教育和社会教育当作受教育，这是极其片面的，不利于人们正确认识教育的概念，并有碍于协调和整合各方面的教育力量更好地培养人。当然，教育概念的外延很广泛，在运用时需要加以严格区分，否则会产生混淆，出现理论上的紊乱与差错，并危害教育实践。因此，有必要对教育概念做狭义与广义的区分和界定。

狭义的教育是指一种专门组织的不断趋向规范化、制度化、体系化的教育。当今，狭义教育主要指学校教育，包括全日制学校教育、半日制和业余的学校教育，函授教育、广播电视教育和网络教育等。它是根据一定社会的现实和未来的需要，遵循受教育者身心发展的规律，有目的、有计划、有组织地引导受教育者主动地学习，积极进行经验的改组和改造，促使他们提高素质、健全人格的一种活动，以便把受教育者培养成为服务一定社会的需要，促进社会的发展、追求和创造人的合理存在的人。

广义的教育是指凡是有目的地增进人的知识技能，影响人的思想品德，增强人的体质的活动，不论是有组织的或是无组织的、系统的或是零碎的、有教育者教导的或是自我教育的都是教育。它包括人们在家庭中、学校里、亲友间、社会上所受到的各种有目的的影响与活动主体对所受到的影响自觉做出的认识、选择、对策、自我教育及自我建构。

2.学前教育

何谓学前教育？为了统一话语体系，联合国教科文组织于1981年11月在法国巴黎召开的国际学前教育协商会议上，对学前教育这一概念进行了专门的讨论，其解释是：能够激起从出生至进入小学的儿童（小学入学年龄因国家不同而有5～7岁之不同）的学习愿望，给他们学习体验，且有助于他们整体发展的活动总和。尽管有了这一指导性的阐述，但我国学者对学前教育的理解仍旧存在一定的差异，主要观点有如下两种。

第一种观点立足教育对象来定义学前教育。比如，有人认为，学前教育是指对出生至入学前儿童的教育[①]；有人提出，所谓学前教育，从专业角度讲，是指0～6岁年龄段的婴幼儿教育[②]；有人主张学前教育指对从胎儿至进入小学前的儿童所进行的教育、组织的活动和施加的影响，它的教育对象包括胎儿、婴儿（0～3岁）、幼儿（3～7岁）[③]；有人指出，学前教育有广义和狭义

---

① 顾明远.教育大辞典[M].上海：上海教育出版社，1999：534.
② 金锦兰.延边地区幼儿教育的问题与对策[D].延吉：延边大学，2007：2.
③ 李生兰.学前教育学 第3版[M].上海：华东师范大学出版社，2014：1.

之分，广义的学前教育是指对 0 ~ 7 岁的儿童实施的保育和教育，狭义的学前教育是指对 3 ~ 7 岁的儿童实施的保育和教育[①]。

第二种观点立足教育机构来界定学前教育。比如，有人指出，"学前教育主要是指在托幼机构实施的对 0 ~ 6 岁幼儿实施的保育和教育活动"[②]；有人更加具体地指出，"学前教育泛指从出生至 6 岁前儿童的教育，包括学前社会教育和家庭教育。其中，学前社会教育指凡由社会实施或资助，指派专人实施或辅导的各种机构或组织所进行的教育，其形式多种多样，在我国以托儿所、幼儿园为主。托儿所收托 3 岁以下婴儿，幼儿园收托 3 ~ 6 岁的幼儿"[③]。类似的观点还有，"学前教育是指以学前社会教育为主、家庭教育为辅的，在各种机构对 3 ~ 6 岁儿童进行的保育和教育活动。实施这种教育的机构主要是指幼儿园，包括公办幼儿园和民办幼儿园，但不包括一些以英语、艺术等为特色的专门的培训班，也不包括专门招收 3 岁以下幼儿的托儿所"[④]。

综上所述，广义的学前教育泛指对 0 岁至入小学之前的儿童施加的各种保育和教育影响；狭义的学前教育特指学前教育机构的教育者（主要是幼儿园教师）对其幼儿园儿童进行的有目的、有组织、有计划的各种保育和教育活动。本书所指的学前教育，即是这种狭义的学前教育。

（二）学前教育的意义

1. 对于儿童发展的意义

（1）促进儿童的身体素质发展

学前阶段是儿童身体生长发育的关键时期，是为人的健康体魄奠定基础的重要时期。儿童身体的发展状况不仅影响到儿童身体的发育，还会影响儿童的心理发展，甚至影响到人的一生。正如陈鹤琴先生所说："健全的身体是一个人做人、做事、做学问的基础"。

学前教育根据儿童生长发育的特点，着眼于儿童身体素质的提高，有计划、有目的地为儿童创设良好的环境，合理安排营养保健和一日生活，科学组织体育锻炼，能促进儿童身体的正常发育，增强儿童的体质，帮助儿童获得基本健康知识，培养良好的生活习惯，增强其对疾病的抵抗能力、对环境的适应

① 朱宗顺主编.学前教育原理[M].北京：中央广播电视大学出版社，2011：12.

② 裴小倩.全球化背景下有关中国学前教育的地域文化研究[D].上海：华东师范大学，2010：6.

③ 黄人颂主编.学前教育学[M].北京：人民教育出版社，1989：1.

④ 李少梅.政府主导下的我国农村学前教育发展研究[D].西安：陕西师范大学，2013：33.

能力以及自我保护的能力，帮助儿童健康成长，为将来成为体格健壮的社会成员打下基础。

（2）促进儿童认知能力的发展

学前期是人的认知发展最为迅速、最重要的时期，在人一生认识能力的发展中具有十分重要的奠基性作用。研究表明，婴幼童具有巨大的学习潜力，比如，婴儿2～3个月开始，可以发"啊""咦"的音；3个月时便能进行多种学习活动；1岁能学会辨认物体的数量、大小、形状、颜色和方位。幼儿具有很强的模仿力、想象力和创造力。学前期还是个体心理多方面发展的关键期。研究发现，2～3岁是个体口头语言发展的关键期；4～6岁是儿童对图像的视觉辨认、形状知觉形成的最佳期；5～5岁半是掌握数概念的最佳年龄；5～6岁是儿童掌握词汇能力发展最快的时期。同时，学前期还是人的好奇心、求知欲、学习习惯等重要的非智力品质形成的关键时期。

因此，在学前阶段为儿童提供丰富的感性经验并予以积极的引导、帮助和教育，能够促进儿童各种能力的发展。在这一时期施以适宜的教育，个体对于某些知识经验的学习或行为的形成比较容易，从而对个体的认知发展和终身学习产生重大影响；而如果错过了这一时期，在较晚的阶段上再来弥补则是很困难的，有时甚至是不可能的。学前教育状况在很大程度上可以预测儿童将来的认知、语言和智力发展水平。经教育者对儿童恰当的关爱、支持、鼓励和引导等能够在很大程度上促进其日后认知与智力的发展。

（3）促进儿童社会性、人格品质的形成

社会性、人格品质是个体素质的核心组成部分。学前期是个体社会化的起始阶段和关键时期，在后天环境与教育的影响下，在与周围人的相互作用的过程中，儿童逐渐形成和发展着最初也是最基本的对人、事、物的情感、态度，奠定着行为、性格、人格的基础。并且，这一时期儿童的发展状况具有持续性作用，其影响并决定着儿童日后社会性以及人格的发展方向、性质和水平。

儿童在学前期形成的良好的社会性、人格品质有助于儿童积极地适应环境、顺利地适应社会生活，从而有助于他们的健康成长、成才。学前教育提供良好、适宜的教育环境，营造温暖、关爱、平等的家庭和集体生活氛围，建立良好的亲子关系、师生关系和同伴关系，使儿童在积极健康的人际关系中获得安全感和信任感；学前教育帮助儿童在生活与活动中，与成人和同伴的交往中，学习和人相处，学习如何看待自己、对待他人，能有力地促进儿童的社会交往能力，培养儿童养成礼貌、友爱、乐于帮助、乐于分享、谦让、有责任感、有自控力、有自信心、慷慨大方、活泼开朗和合作精神等良好社会性行为和人格品质。

2.对教育事业的意义

学前教育作为我国学制的第一阶段、基础教育的有机组成部分，必然对我国教育事业的整体发展，尤其是基础教育的发展具有重要的作用与影响。学前教育通过帮助儿童做好上小学的准备，包括学习适应方面的准备（如培养儿童小学学习所需要的抽象思维能力、观察能力、对言语指示的理解能力和读、写、算所需要的基本技能等）、社会适应方面的准备（如培养儿童任务意识与完成任务的能力、规则意识与遵守规则的能力、独立意识与独立完成任务的能力以及主动性、人际交往能力等）、身体素质的准备等，能够使儿童进入小学后在身体、情感、社会性适应和学习适应等方面都有良好的发展，从而顺利地实现由学前向小学的过渡。由此可见，学前教育对于基础教育乃至教育事业的整体发展具有重大影响。我国已将普及九年制义务教育作为教育事业发展的重要目标，学前教育则可为有效提高义务教育的质量与效益、促进这一目标的实现做出积极的贡献。

（三）学前教育的原则

1.学前教育的一般原则

（1）尊重儿童的人格尊严

儿童与教师之间是平等的人与人的关系，教师要将儿童作为具有独立人格的人来对待，尊重儿童的人格尊严和兴趣爱好，绝不能因为儿童年龄小而无视他们独立人格的存在。没有尊重就谈不上良好的教育。育人是教师一项神圣而又艰巨的使命，教师要充分尊重儿童的人格，倾听儿童的想法，通过自身的人格魅力，以情感人、以理服人，使之心悦诚服，从而达到理想的教育效果。教师如果随意呵斥、惩罚儿童，他们便会丧失对教师的信赖，丧失基本的自尊与自信，并逐步形成消极的自我概念，甚至从此破罐子破摔。这种消极的自我概念一旦形成，将会影响儿童终身。

（2）促进儿童全面发展的原则

贯彻促进儿童全面发展的原则，要求教师做到以下两点：

第一，促进儿童整体和谐发展。全面发展是儿童体、德、智、美各方面的整体发展。儿童体、德、智、美诸方面是个有机统一的整体，每一个方面都有其独特的地位和作用，各个方面的作用是不能相互代替的，因此，教师不能忽视其中任何一个方面，体、德、智、美诸方面都要予以足够的重视。

当然，全面发展也并不等于"平均发展""平均用力"。在全面发展思想的指导下，还要促进儿童有重点的发展和有个性的发展，这是教师要做到的第二点。世界上没有两片完全相同的树叶，也没有两个完全相同的儿童。"促进每一个孩子富有个性地发展"是《幼儿园教育指导纲要》对教师提出的要求。教师要关注每一个孩子的表现，研究每一个孩子的特点，挖掘每一个孩子的潜能，让不同的儿童在不同的方面能够实现自己有特色的发展，而不是千人一面。

（3）面向全体与重视个别差异相结合的原则

在教育过程中，一方面教师要面向全体儿童，从大多数儿童的实际出发，确定教育的内容和进程，使每个儿童都能达到教育目标的基本要求。教师不能只关注优秀的儿童，而是要保证每个儿童在学校里有同等的受教育机会，必须平等地、一视同仁地对待所有的儿童。

另一方面，由于每个儿童的需要、兴趣、性格、能力、学习方式、家庭背景等各有不同的特点，因此，教师要高度重视儿童的个别差异，注意因材施教。通过组织集体活动、小组活动和个别活动等多种教育组织形式，使每个儿童都能发挥自己的优点和特长，在已有的基础上得到充分的发展。

（4）充分利用儿童、家庭和社会教育资源的原则

在教育过程中，一方面教师要充分认识到儿童自身、儿童群体、儿童家庭、教师自身和社区都是宝贵的教育资源；另一方面，教师要充分挖掘、整合和利用儿童、家庭和社区的各种教育资源，积极主动地与家庭、社区合作，开展"立体式教育"，使各方面的教育影响相互配合、协调一致、形成合力。如果学校、家庭、社会各方面的教育要求不一致，各种教育力量就会相互抵消，儿童就会无所适从，就会达不到育人的目的。

2.学前教育的特色原则

（1）保教结合的原则

所谓保教结合，就是指幼儿园教师和保育员在工作中应牢固树立"保教并重"的观念，做到"保中有教""教中有保"，"保"和"教"二者不能偏废，不能割裂。

保教结合是一个整体概念，保育和教育是幼儿园工作两个大的方面，同时对幼儿产生不可或缺的影响。"保"就是保护幼儿的健康，给予幼儿精心的照顾和养育；"教"即幼儿园的教育教学，这是按照体、德、智、美的要求，有目的、有计划地对幼儿进行全面发展的教育，重在培养幼儿良好的行为习惯、态度，发展幼儿的认知、情感、能力，引导幼儿学习必要的知识技能等。

保教结合是由幼儿的年龄特点、幼儿园教育性质和任务决定的。2016年

颁发的《幼儿园工作规程》中指出，幼儿园的任务是："贯彻国家的教育方针，按照保育与教育相结合的原则，遵循幼儿身心发展特点和规律，实施德、智、体、美等方面全面发展的教育，促进幼儿身心和谐发展。幼儿园同时面向幼儿家长提供科学育儿指导。"

因此，在确定目标、制订计划、组织实施各项教育活动中，都要牢固树立教育和保育相结合的观念，做到"教中有保""保中有教""保教结合"。保育与教育是相互渗透、相互联系的有机整体，二者是在同一过程中实现的。如在幼儿园教师上美术课时，一般要进行绘画，绘画要用到记号笔和蜡笔。在幼儿绘画中，教师既要观察和指导幼儿绘画，又要注意幼儿绘画的姿势与卫生保健。当幼儿用蜡笔涂色的时候，有的幼儿头会越来越低，几乎贴近画纸，有的幼儿把绘画工具叼在嘴里，这时教师要及时提醒他们保持一定的距离，保持正确的姿势并注意卫生。绘画结束时，教师要及时提醒幼儿把手洗干净，蜡笔含有对幼儿有害的物质，必须马上洗手，这又是保育方面的工作。可见，在幼儿园实际工作中，保育和教育是没有明显分界的，教育中包含了保育的成分，保育中也渗透着教育的内容，二者是在同一教育过程中实现的。保教结合是保证幼儿园任务完成的首要原则。

（2）以游戏为基本活动的原则

研究表明，游戏最符合幼儿身心发展的特点，最能满足幼儿的需要，能有效地促进幼儿身心健康发展，具有其他活动所不能替代的教育价值。游戏是幼儿园的基本活动。在幼儿园，游戏包括幼儿的自发自主游戏和教师组织的教学游戏，两者构成了幼儿园的基本活动。为了使游戏真正成为幼儿园的基本活动，必须高度重视这两类游戏对幼儿发展的特殊价值。

幼儿自发自主的活动是本体意义上的游戏，是幼儿最喜欢的活动。在这类游戏中，没有太多的约束，没有特定的发展指向，幼儿自己决定玩什么、和谁玩及怎么玩，表现出极大的自主性、独立性和创造性。这类游戏有助于培养幼儿的想象力、创造力，有助于幼儿的心理健康和个性的和谐发展。因此，幼儿园必须给予幼儿充分开展这类游戏的机会，保证幼儿一日活动中有一定的时间、适宜的场所和丰富的材料开展游戏，并在幼儿需要时适时提供必要的帮助，确保幼儿的安全和游戏的顺利进行。

教师为实现特定的教育目标而组织的游戏，能让幼儿学到教师要求他们学习的知识和技能，有利于促进幼儿朝着一定的方向发展，有利于幼儿养成遵守规则的意识，有利于幼儿逐步由游戏向学习过渡。为了使幼儿顺利地实现幼小衔接，随着年龄的增长，这类游戏活动会逐步增多。为了有效地促进幼儿的发展，教师要及时了解幼儿对游戏的需要，仔细观察幼儿在活动中的表现，灵活地变换游戏的形式和内容，让幼儿在游戏中获得愉悦的情感体验。

（3）发挥一日活动整体教育功能的原则

幼儿园一日活动是指幼儿从入园到离园的所有保育、教育活动，包括教师组织的幼儿生活活动、教学活动，以及幼儿的自主活动（如自主游戏、区角自由活动等）。教师应充分认识一日生活中各种活动的教育价值，科学安排、合理组织，充分发挥幼儿园一日活动的整体教育功能，寓教育于一日活动之中。

当然，幼儿园的各种活动不是孤立地对幼儿发挥影响的，必须在幼儿园教育目标的统领下，形成合力，才能发挥整体教育功能。因此，幼儿园的各种活动都要紧紧围绕教育目标来展开，把教育目标渗透到各种活动之中，共同促进幼儿全面发展。

二、学前教育的相关性概念

为了进一步认识学前教育的概念，笔者将解读几个与其相关的概念，如启蒙教育、早期教育、幼儿教育等概念，虽然有些概念迄今为上没有统一的定论，但笔者会逐一进行阐释和总结。

（一）启蒙教育

要界定启蒙教育，首先要明晰启蒙的含义。至于何为启蒙，学界的说法不一。比如，黑格尔认为："启蒙是在扬弃着信仰本身中原来存在的那种无思想的或者更确切地说无概念的割裂状态[1]。"霍克海默和阿多诺指出："就进步思想的最一般意义而言，启蒙的根本目标就是要使人们摆脱恐惧，树立自主。"[2]此外，有些学者从启蒙的范围上对启蒙进行了界说。比如，以洛克和法国唯物主义者为代表的学者认为，蒙即知识之蒙，启蒙即是知识的启蒙，主张启蒙就是开智和传授知识；以休谟和哈奇森为代表的学者指出，蒙即情感之蒙，启蒙主要是情感的启蒙，主张启蒙即陶冶个体的情感和趣味；以康德为代表的学者认为，"蒙是认识之蒙，启蒙即是主体资格的启蒙"[3]。笔者认为，蒙是指某种蒙蔽、束缚或遮蔽，启是指启发、开启或引导，而启蒙与古希腊的 Paideia（教育）和中世纪的 Humanitatis（人性）一脉相承，其英文是 Enlightenment，原意是以"光芒照亮事物"，引申义为开导蒙昧，使之明白事理。概言之，启蒙

---

① 程志敏，郑兴凤.论古希腊哲学启蒙运动的现代性[J].现代哲学，2013（2）：63-66.

② 马克斯·霍克海默.启蒙辩证法 哲学断片[M].上海：上海人民出版社，2003：1.

③ 曾晓平.康德的启蒙思想[J].哲学研究，2001（5）：66-71+80.

的引申义是指通过别人的启发、开启或引导，个体冲开蒙蔽、束缚或遮蔽，逐步明白事理、成人成才的过程，这一过程贯穿人生的方方面面，包括智力的启蒙、情感的启蒙、道德的启蒙、主体资格的启蒙、科学思维方式的启蒙以及健全人格的启蒙等。

何谓启蒙教育？有人认为，"启蒙教育是指为儿童提供运用自身思维和经验的环境和机会，为儿童的选择、思考与创造提供多元、自由的空间，帮助儿童积极主动地与他人交往、互动，支持、引导和帮助儿童自由思考和自由表达，使其通过对自身存在与生存环境的体验和感悟来把握自身与他人的生命特质和生活意义，从而体会到生命的自由、激情与力量，并在这些体验和感悟中不断地否定自我、生成新我。"[1] 有人认为，"启蒙教育是教育的起步阶段，其目的是为个体的自由、解放和发展提供必要的切入点和引导"[2]。那么，到底怎样界定启蒙教育更为合适呢？笔者认为，启蒙教育不应局限于个体的生命早期，而应贯穿于个体成人、成才的始终；启蒙教育不仅是提供入门知识的教育，也不仅是百科知识的教育，而应是涵盖智力、情感、道德、主体资格、科学思维方式以及健全人格等方面的启蒙。为此，本书指出，启蒙教育是指教育者针对受教育者的某种蒙蔽、束缚或遮蔽状态，通过为受教育者提供一定的时空环境与条件，引导受教育者在体验知识、情感、道德、思维及自我生命特质与生活意义的基础上，冲开相应的蒙蔽、束缚或遮蔽，从而获得身心发展的活动。

（二）早期教育

关于早期教育的界定也是众说纷纭，但大体上可概括为如下两类。一类从受教育者年龄的角度对早期教育进行界说。比如，有人主张，"早期教育则应包括胎教，但至少指 2～6 岁幼儿园孩子的教育"[3]；有人指出，"早期教育主要指针对 0～6 岁婴、幼儿实行的保育和教育，而传统意义的早期教育专指 0～3 岁这一阶段的教育"[4]；类似的观点还有，婴、幼儿早期教育是指根据宝宝从一出生到 3 岁这一阶段身心发展、发育的特点，适时、适当地进行德、智、体、美的教育[5]。

① 姚伟，索长清 . 儿童启蒙教育意义的现代探寻 [J]. 东北师大学报（哲学社会科学版），2013（5）：177-180.

② 刘睿 . 启蒙教育与人的全面发展 [J]. 学前教育研究，2009（7）：36-39.

③ 邹扬 . 上海市父亲参与孩子早期教育的现状及问题研究 [D]. 上海：华东师范大学，2006：5.

④ 李艳 . 0-3 岁早期教育共同体的实践研究 [D]. 西安：陕西师范大学，2013：5.

⑤ 王菁 . 婴幼儿早期教育研究—创意教育在婴幼儿早期教育中的重要性 [D]. 大连：大连工业大学，2013：2.

另一类则从教育目的的角度对早期教育进行阐述。比如，有人认为，早期教育就是对 0～6 岁儿童进行有目的、有计划的刺激和训练，从而最大限度地开发其体力和智力，使其形成良好的品德和个性[①]；还有人主张，早期教育是指对 0～6 岁，特别是 0～3 岁婴、幼儿进行有组织和有目的的、丰富的教育活动，其目的是开发婴幼儿的潜能，婴幼儿潜能开发包括身体潜能的开发和心智潜能的开发两个方面，后者又可分为智慧潜能的开发和人格潜能的开发与培养[②]。

概括来说，关于早期教育的时段，迄今尚未达成共识，但 0～3 岁阶段的教育必然属于早期教育的范畴；关于早期教育的目的，尽管已有表述并非一致，但有一点是相同的，即都强调早期教育的目的是促进个体的身心发展。为此，笔者认为早期教育是指个体在接受正规的学校教育之前，尤其是在 0～3 岁阶段所接受的有目的或有针对性的保育和教育活动。

（三）幼儿教育

幼儿教育是整个教育的重要组成部分，其重大价值日益为人们熟知。尽管幼儿教育自古就受到人们的关注，比如，我国古代家庭教育思想中便有"教子婴孩""早欲教"一说，但迄今为止，人们对幼儿教育这一概念并未达成共识。从已有文献来看，专门阐释何谓幼儿教育的研究十分有限，审视这些相关文献发现，关于"幼儿教育"的定义主要有以下两类。

一类是从教育对象的角度来界说幼儿教育。比如，有人直观地指出，幼儿教育是指 3～6 岁年龄段的教育[③]；有人提出幼儿教育有广义和狭义之分，"广义的幼儿教育是指从出生到入小学以前儿童的教育，狭义的幼儿教育即 3～6 岁儿童的教育"[④]。

另一类是从教育机构的角度来界定幼儿教育。比如，有人从狭义和广义两个角度着手，"从广义上讲，凡是能够影响幼儿身体成长和认知、情感、性格等方面发展的有目的的活动，如幼儿在成人指导下看电影、做家务、参加社会活动等，都可以说是幼儿教育。而狭义的幼儿教育则特指幼儿园和其他专门开设的幼儿教育机构的教育；幼儿教育是幼儿教育机构根据一定的培养目标和幼

① 林菁.对当前早期教育的几点思考[J].福建师范大学学报（哲学社会科学版），1996（2）：124-129.
② 林渊液，陈镇奇，李家亮.正常婴幼儿的早期教育及社区干预现状的思考[J].中国妇幼保健，2005（2）：21-22.
③ 金锦兰.延边地区幼儿教育的问题与对策[D].延吉：延边大学，2007：2.
④ 刘焱编著.幼儿教育概论[M].北京：中国劳动社会保障出版社，1999：8.

儿的身心发展特点，对入小学前的幼儿所进行的有目的、有计划、有组织的教育"①。幼儿教育可视为幼儿园教育，"是指由幼儿园承担的、由专职幼教工作者根据社会需求。对在园幼儿实施有目的、有计划、有组织的，以促进其身心全面发展的社会活动"②。

笔者认为，幼儿教育不一定局限于专门的幼儿教育机构，只要是对幼儿实施的教育都可以称为幼儿教育。由于幼儿期是指儿童从 3 岁到六七岁这一时期，因而，幼儿教育泛指对 3 ~ 7 岁儿童实施的有计划、有目的的教育，这种教育既可以由专门的幼儿教育机构实施，也可以由其他社会机构、家庭，甚至个体实施，其目的是促进幼儿身心全面发展。

第二节　人才培养模式解读

一、相关概念的剖析

（一）人才的概念及其特征

1. 人才的概念

何谓人才？人才是推动社会政治、经济、文化、军事等向前发展不可或缺的第一资源。关于人才的界说，当下有多种观点。比如，《现代汉语词典》的解释是，人才是指德才兼备的人或有某种特长的人；黄津孚主张，"人才是指在对社会有价值的知识、技能和意志方面有超常水平，在一定条件下能做出较大贡献的人"③；陈俊吉、张永胜认为，"所谓人才，是指那些已经积累了一定的知识或技能，并具有良好素质，能够在所生活的社会背景下进行创造性劳动，对人类社会的发展做出较大贡献的人"④。在 2003 年颁布的《中共中央、国务院关于进一步加强人才工作的决定》中指出："人才存在于人民群众之中。只要具有一定的知识和技能，能够进行创造性劳动，为推进社会主义物质文明、政治文明、精神文明建设，在建设中国特色社会主义伟大事业中，做出积

---

① 金锦兰 . 延边地区幼儿教育的问题与对策 [D]. 延吉：延边大学，2007：5.

② 李季湄，肖湘宁 . 幼儿园教育 [M]. 北京：北京师范大学出版社，1997：35.

③ 黄津孚 . 人才是高素质的人——关于人才的概念 [J]. 中国人才，2001（11）：31.

④ 陈俊吉，张永胜 . 人才的概念及其内涵和外延——体育人才研究之一 [J]. 体育科技文献通报，2009，17（4）：127-128.

极贡献，都是党和国家需要的人才。要坚持德才兼备原则，把品德、知识、能力和业绩作为衡量人才的主要标准，不唯学历、不唯职称，不唯资历、不唯身份，不拘一格选人才。鼓励人人都做贡献，人人都能成才。"

审视以上关于人才的界说，不难发现，它们都具有一定的合理性，而且随着时间的推移，人们对人才的理解逐步深入。本书认为，人才这一概念的含义比较复杂，且伴随时代的发展，人们对其认识也将不断加深，从当下人们的实际用语习惯来看，追求对人才进行唯一的界定并无必要，还是应该从一个宏观的视角去看待。当然，无论怎样界定人才，都应把握人才所具有的本质特征。

2.人才的本质特征

（1）杰出性

一个人之所以被认为或称为人才，其主要原因有二：其一，这个人在某一方面具备的知识、技能或能力等素质比一般人突出；其二，这个人在某一方面对社会的贡献比一般人突出。显然，正是由于一个人具有某些突出的素质或突出的表现，才使这个人显得比一般人杰出，因而才被称为人才。

（2）多样性

多样性也体现在两个方面：一方面，不同领域有不同的人才，即人才可以出现在不同领域，如工程人才、农业人才、管理人才、医学人才、军事人才、教育人才、经济人才、政治人才等；另一方面，不同的人才可以具有不同的素质或表现，比如，有知识方面的人才、有技能或能力方面的人才、有意志品贡方面的人才，还有社会贡献方面的人才等。

（3）先进性

人才是一个褒义词，从社会评价学的角度讲，人才必然对人类社会的进步或人类历史的发展具有推动或促进作用，必然与人类发展的轨迹一致且引领人类的进步与发展。假如一个人的才智过人，但其才智用于歪门邪道，对社会的发展、人类的进步起阻碍或破坏作用，那么他就不配被称为人才。

（4）价值性

对于个人来说，其自身价值是依靠其对社会正向发展的贡献体现出来的，一个人对社会正向发展的贡献越大，其被社会认定的价值也越高，相应地，其自身价值也越大。显然，人才必然是能够或已经对社会正向发展做出贡献的人，是具有存在价值的人。人才的价值并不是体现在其具有的学历、学位、职称或工作年限等之上，而是体现在其对社会正向发展的贡献之上。一个具有高学历、高学位、高职称或较长工作年限的人，如果其不能为社会正向发展做出贡献，那么他是不配被称人才的。

（5）创造性

从理论上讲，一个人之所以被称为或被视为人才，是因为其可能或已经为社会正向发展做出的贡献比一般人突出，而一个人要想比一般人对社会正向发展做出突出的贡献，其必须具有创造性品质或开展创造性劳动，否则其突出贡献是难以体现出来的。由此可见，人才必然具备一定的创造性品质或表现出一定的创造性。尤为重要的是，当今时代，国与国之间综合国力的竞争，归根结底是创造性人才的竞争，而不是一般性人才的竞争。显然，当下能够称得上人才的人，必然具有一定的创造性。

（6）时代性

一方面，不同时代，社会对人才的认定标准是不同的，人们对人才的看法也是有区别的。比如，20 世纪 50 年代初，我国人民的文化程度普遍不高，初中毕业就算"秀才"；之后，随着人们的学历普遍提高，中专毕业生很难有资格算得上是人才；而时至今天，社会不再简单以学历来作为人才划分的标准了。另一方面，某一时代的人才，在另一时代可能不被称为人才。

（二）培养模式的概念

通过文献检索发现，关于培养模式概念的表述甚多，可谓仁者见仁、智者见智。

一是"培养方式说"。持此观点的人一般认为培养模式的本质是组织方式。比如，杨杏芳指出："培养模式是指在一定的教育思想和教育理论指导下，为实现培养目标而采取的教育教学活动的组织样式和运行方式。"[①] 王昌善、张希希认为，"培养模式是指在一定的教育思想和教育理论的指导下，为实现培养目标而采取的教育教学活动的组织样式和运行方式"[②]。

二是"培养规范说"。比如，王启龙、徐涵在借鉴前人研究成果的基础上，把人才培养模式界定为："在一定的教育理念的指导下，教育机构或教育工作者群体所普遍认同和遵循的关于人才培养活动的实践规范和操作样式，它以教育理念为基础、培养目标为导向、教育内容为依托、教育方式为具体实现形式[③]。"

---

① 杨杏芳 . 论我国高等教育人才培养模式的多样化 [J]. 高等教育研究，1998（6）：3-5.
② 王昌善，张希希 . 变革与反思：对我国教并教育培养新模式的检视 [J]. 课程·教材·教法，2009，29（1）：72-77.
③ 王启龙，徐涵 . 职业教育人才培养模式的内涵及构成要素 [J]. 江苏技术师范学院学报（职教通讯），2008（6）：21-24.

三是"培养系统说"。比如，韩德红认为："培养模式是指在一定的教育思想和教育理论指导下，根据人才成长规律和社会需要，为受教育者构建的知识结构、能力结构、素质结构，以及实现这种结构的整体运行方式，反映培养过程中各环节最优化设计及各种要素的最佳组合[①]。"

四是"培养方案说"。比如，潘柳燕认为："人才培养模式分为宏观和微观两个层次，从宏观和形式角度看，人才培养模式就是指在一定的教育思想指导下，为实现一定的培养目标而采取的教育方案和教育方式"[②]。杨峻等人指出："培养模式是在一定的教育教学思想、教育观念的指导下，为实现一定的培养目标，构成人才培养系统诸要素之间的组合方式及其运作流程的范式。人才培养模式也是可供教师和教学管理人员在教学活动中借以进行操作的既简约又完整的实施方案[③]。"

五是"培养总和"说。比如，黄正平认为，"培养模式或人才培养模式是学校为学生构建的知识、能力、素质结构，以及实现这种结构的方式，它从根本上规定了人才特征并集中地体现了教育思想和教育观念。简而言之，培养模式，实际上就是人才的培养目标、培养规格和基本培养方式"[④]。

究竟怎样界定"培养模式"更为合适呢？审视上述观点发现，尽管学界对"培养模式"的理解并未达成一致，但存在几点共识：其一，培养模式通常是指培养人的模式；其二，培养模式通常是指一定教育的人才培养模式；其三，培养模式是联系教育理论与教育实践的中间桥梁；其四，任何人才培养模式都是建立在一定教育理论基础之上的，所依据的教育理论不同，则人才培养模式有别；其五，人才培养模式是一种使人可以照着做的样式，具有一定的稳定性、规范性、实用性及可操作性；其六，培养模式是由培养目标、培养内容、培养手段、培养制度及培养评价等若干要素构成的。为此，本书认为，所谓培养模式，通常是指人才培养模式，即为达成预期特定的人才培养目标，在一定教育理论的指导下，结合一定的人才培养实践而设计的可供参照或参考的某种培养人才的范型，这种范型通常包括培养目标、培养内容、培养手段、培养制度及培养评价五个方面。

---

① 韩德红.高等职业教育人才培养模式的概念及内涵[J].科技信息（科学教研），2008（17）：599.

② 潘柳燕.复合型人才及其培养模式刍议[J].广西高教研究，2001（6）：51-54.

③ 杨峻，刘亚军.面向21世纪我国高等教育培养模式转变刍议[J].兰州大学学报，1998（2）：3-5.

④ 黄正平.关于小学教师培养模式的思考[J].教师教育研究，2009，21（4）：7-12.

二、学前教育专业人才的解读

（一）学前教育专业人才应具备的能力素养

1.观察能力

幼儿情绪易外露，其内心活动、身体状况常通过表情、动作和简短语言表现出来。幼儿的一个小动作、一刹那的行为，都可反映其真实的内心活动。因此，学前教师要具有了解幼儿个性和活动情况细致而全面的观察力，从幼儿的眼神、表情、动作、姿态等方面看出他们的心理活动与情感体验。蒙台梭利强调，一个不会观察的教师是绝对不称职的，每位教师都要将自己的眼睛训练得如同鹰眼般敏锐，能观察到儿童最细微的动作。

学前教师观察能力的高低表现为能否敏感地捕捉到幼儿发出的动作、表情或语言等方面的信息，并且快速地做出正确的判断和反应。通过观察幼儿的发展状况和差异，了解幼儿现有水平和不同幼儿在发展水平、速度、技能、能力上的差异，进一步探明幼儿的内部需要和最近发展区，为教师设计和指导教育活动、及时地应答幼儿的需要等提供依据。教师的观察能力是洞察幼儿的内心世界、进行因材施教的先决条件，因此，需要学前教育专业人才具备一定的观察能力。

2.语言表达能力

教师的语言表达能力强弱直接决定着教育活动的效果，影响幼儿心智活动的效率。教师良好的语言表达能力能诱发幼儿的求知欲，激起幼儿的学习兴趣，吸引幼儿的注意，调动幼儿良好的情绪、状态，陶冶幼儿的情操，同时也直接影响幼儿的语言发展。

教师的言语表达应做到：第一，生动形象。言语要具有趣味性，引人入胜，并符合形象思维的规律和形式，用幼儿熟悉的形象加深他们对知识的理解。第二，准确精练。能确切地使用概念，科学地做出判断，合乎逻辑地推理，表述简洁清楚，干净利落。第三，通俗明白。说话要深入浅出，善于把复杂的东西讲简单，把抽象的东西讲具体。第四，严谨含蓄。言语要具有逻辑性，结构严谨，思路清晰，善于帮助幼儿思考，富有启发性。此外，还要注意辅之以非语言表达手段，如手势、表情、姿态等，以增强言语的表达效果。这些都是学前教育专业人才需要注意的。

3.沟通能力

沟通需要一种相互性，相互理解、彼此接纳对方的观点、行为，形成在双向交流中彼此互相协调的默契。教师的沟通能力主要包括教师与幼儿、教师与家长的沟通能力和促进幼儿之间相互沟通的能力。

（1）教师与幼儿的沟通

教师与幼儿主要的沟通方式有非言语的和言语的两种。不论哪种方式都要求教师有积极主动、平等的态度，提供一个安全、温暖、可信赖、无拘无束的交流环境，尽可能地从幼儿角度来考虑问题。

（2）教师与家长的沟通

家长作为教师的合作者加入教育者一方，共同对幼儿施教，有利于提高学前教育的质量。教师应当具备与家长交流的技巧，主要包括聆听的技巧，以适合家长的态度、语言、表达方式以及考虑家长的观点、心情的谈话技巧，以及向不同类型的家长传达信息（口头的或书面的），特别是描述儿童行为、提出建议或意见的技巧，帮助教师求得家长的相互尊重、相互理解、相互支持。

（3）促进幼儿之间的沟通

幼儿之间的沟通受到他们社会性发展、语言发展等方面的制约，需要教师有意识地进行帮助。学前教师要认真研究幼儿沟通的特点，如幼儿喜欢什么话语，交谈常在什么地方、什么场合发生，什么样的形式最有利于幼儿产生或发展交谈等。在此基础上，利用小群体活动或游戏的方式为幼儿提供交流的机会，从而促进幼儿之间的交谈需要，发展他们自我表达和理解他人的能力、听和说的能力。

4.组织管理能力

学前教师的组织管理能力具体表现为能否科学地安排儿童日常各项活动，充分调动儿童活动的主动性、创造性，最大限度地促进儿童的发展。它包括了解幼儿的能力、一日生活的组织与保育能力、教育活动的计划与实施能力、游戏的支持与引导能力、交往与协调能力、环境的创设与运用能力、对幼儿的激励与评价能力等。

5.教育监控能力

教育监控能力是指教师为了达到预定的教育目标，在教育的全过程中将自己所进行的教育活动和行为本身作为意识的对象，不断地对其进行积极、主动、自觉的计划、监察、反馈、评价、反思和调节的能力。

（1）计划与准备能力

指教师为教育活动做准备工作的过程中体现出的教育监控能力，即教师在进行具体的教育活动之前，分析所要面临和解决的教育任务及教育情境中的相关因素，如教材、幼儿的兴趣和需要、幼儿现有的发展水平和潜能等，结合自己的教育教学能力、风格、特点和经验，确立适宜的教育目标，制订教育计划，明确所要进行的活动内容，选择教育的策略，构想设计出解决各种问题的方法，并预测教育过程中可能出现的问题及可能达到的教育效果等。

（2）反馈与评价能力

表现为教师在教育过程中随时监控班级的状况，密切关注幼儿的反应和参与活动的程度，不断获取教育活动各要素变化情况的反馈信息，并根据幼儿的反馈或是教师的自我反馈，客观地认识和评价自己的教育过程、教育方法、教育策略、教育效果、教育行为以及幼儿发展和进步的状况。

（3）控制与调节能力

指在教育过程中，教师根据反馈信息和新情况有意识地、自觉地发现和分析教育过程中存在的问题及其原因，并据此及时调节教育活动的各个方面和环节，对自己下一步要进行的教育活动和教育行为进行调整与修正的监控能力。

（4）反思与校正能力

指在一次或一阶段的教育活动完成之后，教师对自己已完成的教育活动的全过程进行深入的总结和反思，并进行相应校正的能力。教育监控能力较高的教师，在教育活动完成之后，通常会回顾和评价自己的教育活动过程，反省教育活动是否适合儿童的实际水平，是否能够有效地促进儿童的发展；仔细分析自己在教育过程中哪些方面是成功的，哪些方面还有待改进；反思自身教育行为的特点与不足等，并进行相应的调整和校正。

（二）学前教育专业人才的培养

除了理论层面上对学前教育专业人才的培养之外，还应该注重实践和反思，只有在实践中才能够实现提高，在反思中实现超越。

1.在实践中提高

瑞吉欧的创始人马拉古齐曾说："学前教师专业素养的形成与发展，必须在与幼儿一起工作的实践过程中同时进行，除了在职培训，我们没有其他选择，所有智慧在使用过程中更加坚固，而教师的角色、知识、专业和能力在直接的应用中更强化。"学前教育专业学生具有的教育理论只有在引起自身经验、情感的共鸣并融入自身的教育实践之中，才能真正发挥作用。因此，具有个性、情境性、开放性的实践活动，对学前教育专业人才的发展有着非常重要的作用。

根据美国社会学家赖利夫妇的"社会范畴论"，每一个体在社会中不是孤立的，都从属于一定社会中一定的群体，拥有相似社会范畴的人由于生活环境、心理因素相近而具有很多共性，从而看似分散的大众实际上形成了各种不同的团体。学前教育专业人才的专业成长必须在一种开放的、对话的教师团体中实现。在一个由不同性情、经验、才能和观点构成的团体中，学生之间可以通过相互质疑、脑力激荡等形式充分调动思维，碰撞出新的火花，创造出新的思想。瑞吉欧教学提倡教师的团队学习，认为"教师必须放弃孤立、沉默的工作模式"，教师团队进行交流讨论、相互观摩活动、讨论各种教育问题，通过分享，使教师产生共鸣和感悟，从而对个人的成长带来促进与帮助。显然，这一点也适用于准学前教师，即学前教育专业学生的培养。

2. 在反思中超越

通过实践虽然可以提高学生的实际操作能力，但只有在实践中不断反思，才能够实现进一步的超越。所谓教学反思，是指教师（学前教育专业实习学生）在先进的教育理论指导下，借助行动研究，不断对自己的教育实践进行反思，积极探索与解决教育实践中的问题，努力提升教育实践的科学性、合理性，并使自己逐渐获得成长的过程。有关研究表明，促使新手教师转变为专家教师的因素，不是他们的知识和方法，而是他们对幼儿、自己及自己的教育目的、意图和教学任务所持有的信念，是他们在教育实践中表现出来的教育机制和批判反思能力。显然，促进学前教育专业学生向教师的转变，同样需要批判反思的能力。

三、学前教育专业人才培养模式解读

（一）学前教育专业人才培养模式的内涵

学前教育专业人才培养模式是指高校根据学前教育需求确立人才培养目标、优化培养过程、建立质量保障体系的定型化实践模式，它主要由培养目标、课程体系、教学方式、管理和评价四个方面组成。这一定义包含了如下内涵：

1. 要有正确的培养目标

人才培养目标是人才培养模式中最基本的出发点，有了正确的培养目标才有可能实现成功的人才培养模式，所以确立科学的学前教育培养目标是高校学前教育专业最基本的要求。从高校对学前教育专业的定位看，本专业培养重在培养德、智、体、美全面发展，能适应学前教育发展与改革需要，掌握学前教育基本理论、专业知识及基本技能，具有创新精神及实践能力的高素质专业化幼儿教师和学前教育管理工作者。

2. 要有完善的课程体系

课程体系就是专业课程设置，它是实现人才培养目标的最根本途径，没有完善的课程体系很难达到既定的人才培养目标。一般而言，高校学前教育专业的课程体系建设包括课程设置、成绩考核、毕业论文等部分。其中，课程设置分为两部分，一部分是公共课，包括思想政治课、大学英语课、计算机应用基

础课、体育健康课等课程在内的公共必修课，还包括自然科学素养、人文科学素养、礼仪等公共选修课。另一部分是专业课，不仅包括选修课和必修课两部分，还包括核心课程。

3. 要有先进的教学方式

教学方式为实现人才培养目标提供可靠的保证，采用行之有效的教学方式会事半功倍，相反没有很强实践性的教学方式培养不出符合社会需求的人才。因此，要注重为学生提供长期一贯教育实践的机会，不断提高学生的职业应用能力。专业教学中注重结合课程的内容组织学生开展教学观摩和教学实习，教师定期带领学生到幼儿园见习，并在幼儿园开展模拟教学活动。不仅如此，还可以对学前教育学生实行"寓理于例、寓知于情、寓能于行"的"三寓"教学法。在课堂教学中采用精讲、案例、讨论、练习等多种教学形式，将课程教学延伸到实践环节之中。

4. 要有全面的管理和评价体系

培养出来的人才是否合格，要由学校、用人单位和社会来评价，而其中最主要的是能否满足用人单位的需求。能够满足用人单位的零距离用人要求就是最佳的人才培养模式。作为幼儿教师，应当具备的职业素质包括职业意识、职业道德、职业能力几个部分。从就业上岗和职业生涯发展的角度看，从事幼儿教育的教师对岗位工作的态度、沟通协调的能力、团队集体意识、敬业服务精神以及良好的心理素质都有重要的要求。

（二）学前教育人才培养模式的构成要素

学前教育是基础教育的组成部分，是终身教育的奠基阶段。学前教育为人的终身发展打下基础，为提高国民素质、社会发展，提高社会人力资源水平做出基础性贡献。因此，高校学前教育专业应培养具备学前教育专业知识，能在托幼机构从事保育和教育工作的教师、学前教育行政人员以及其他有关机构的教学、管理人才。

1. 科学的人才培养规格

学前教育在我国发展的历史并不长，最早用来培养幼儿园师资的是幼儿师范学校。1952年国家颁发《师范学校暂行规程草案》（以下简称《师范规程》）规定"培养幼儿教育的师资"是师范学校的任务之一。《师范规程》明确规定师范学校培养的师资应"具有马克思列宁主义和毛泽东思想的初步基础"，具有"中等文化水平和教育专业的知识、技能"，能够"全心全意为人民教育事业服务"。为完成幼儿园师资的培养任务，可独立设置"幼儿师范学校"，或在"师范学校"内附设"幼儿师范科"，其"修并年限为三年，招收初级中学毕业生或具有同等学历者"。

1993年，第八届全国人民代表大会常务委员会第九次会议通过的《中华人民共和国教师法》规定"取得幼儿园教师资格应该具备幼儿师范学校毕业及其以上学历"。1995年，国家教委发布《三年制中等幼儿师范学校教学方案试行》，提出了幼儿师范学校的培养目标与规格。与原有的中专层次的教育相比，高等教育的学前教育专业人才的培养规格和综合素质都得到了提升。

2.技能导向的课程体系

学前教育专业具有较强的实践应用性，其课程体系的设计与实施需要与学前教育专业对应岗位群工作过程的能力需求相适应。因此，高校学前教育课程体系基于技能导向的学前教育专业课程体系的构建，要以学前教育专业岗位群的工作流程、环境、规范以及素质、能力、知识要求为导向；分析学前教育专业岗位群所需要学习的领域和内容；打破以知识传授为目的和特征的学科型课程体系；建立理论与实际相联系，以技能为导向的课程体系；并在此基础上完善实践教学条件、编写相应的配套教材，开发配套的教学资源；实现应用技能人才的培养。

3.产学研结合的教学方式

产学研合作本是职业教育培养应用型和创新型人才的有效模式，高职院校学前教育专业的产学研结合的教学方式就是利用学校、幼教研究机构和幼儿园的不同教育资源、教育环境，使学校教育与幼教研究机构相结合，学校的课堂传授与幼儿园的实践教学相结合，三者有机结合协调发展。目前来看，不止高职院校，本科院校同样应该根据幼教行业的发展，结合幼儿园发展的要求和自身的培养优势，探索人才培养的教学方式。特别是当前社会对学生动手实践能力和素质要求的提升，就要求好的院校要将培养学生理论知识、实际技能放到同等重要的地位，深化教学内容、创新教学方法，使学生不仅能够适应行业内的需要，也能适应多变的学前教育就业需求，努力成为"双师型"学前教育人才。

4.多元务实的评价体系

高校学前教育评价体系的多元性主要体现为评价时间的持续性、评价内容的全面性、评价主体的多元性以及评价方式的多样性。评价时间的持续性是指将学习指导、学习评价工作贯穿于课程学习的始终，即通常所说的阶段性评价和终结性评价相结合，从学生的日常表现到期末考评都作为一个持续的过程。评价内容的全面性是指不仅要考察学前教育专业学生对学前教育学科知识的掌握，更重要的是要考查学生在幼儿教育方面的实践能力和创新意识。评价主体的多元性是指对学前教育专业学生的评价不仅包括教师评价还包括学生互评和学生自评等方式，充分发挥学生的积极主动性，让学生在互相评价中成长。评价方式的多样性是指对学前教育学生的评价不仅由课堂表现和考试成绩决定，还由学生的实践报告以及学生的学习态度决定。

第三节　学前教育专业人才培养模式的理论基础

一、幼儿教师专业发展理论

幼儿教师是学前教育活动的直接组织者与实施者，是决定学前教育活动实施成效的核心因素。所以要提高学前教育的质量，必须要提高幼儿教师的综合素养。由此可知，培养学前教育专业人才的主要目的，即为培养合格的幼儿教师做准备。显然，在培养学前教育专业人才的过程中，理应遵循幼儿教师专业发展理论的指导。为此，本小节将着重对幼儿教师专业发展理论展开阐述。

（一）专业发展

专业发展这一概念由专业和发展两个词构成，要想明晰其含义，必先明确专业和发展这两个词的含义。根据《现代汉语词典》，发展的含义比较单一，它是指"事物由小到大、由简单到复杂、由低级到高级的变化"。而专业的含义有三种：一是指高等学校或中等专业学校里，根据科学分工或生产部门的分工把学业分成的门类；二是指产业部门中根据产品生产的不同过程而分成的各业务部分；三是指专门从事工作或专门职业。由于专业一词的含义并非单一，因而必须结合具体的语境加以理解。由于本小节内容主要阐述的是教师专业发展理论，因而本小节所阐述的专业特指专门职业。那么，专门职业是什么呢？

美国著名社会学家利伯曼给专门职业确定了如下八条标准：[1]

①范围明确，以"垄断"的形式从事于社会不可缺少的工作；

②运用高度的理智性技术；

③需要长期的专业教育；

④从事者无论个人、集体均具有广泛的自律性；

---

① 黄永忠.教师专业化与高师院校教育类课程改革刍议[J].绵阳师范学院学报,2009,28(4): 134-136+154.

⑤在专业的自律性范围内，直接负有做出判断、采取行动的责任；

⑥不以赢利为目的，而以服务为动机；

⑦形成了综合性的自治组织；

⑧拥有应用方式具体化的伦理纲领。

我国学者王建磐认为，成熟的专业工作应该具备以下六个特征或标准：[①]

①专业知识，即构成专业的首要标准是需要一套完善的专门知识和技能体系作为专业人员从业的依据；

②专业道德，即某一职业群体为更好地履行职业责任、满足社会需要、维护职业声誉而制定的自我约束的行为规范或伦理标准；

③专业训练，需要经过长期的培养与训练；

④专业发展，即需要不断地学习进修；

⑤专业自主，享有有效的专业自治；

⑥专业组织，即形成坚强的专业团体。

本书综合以上两位学者对专门职业所持的观点并结合发展的含义后认为，所谓专业发展，是指一个普通的职业群体在某种专业（或专门职业）标准的指引下，通过不断提升其自身素质直至其自身素质逐渐符合相应的专业标准的过程。

（二）幼儿教师专业发展

教师专业化发展是教师专业化和教师发展的有机整合，作为教师群体的一部分，幼儿教师的专业发展也不例外。下面将从教师专业化和教师专业发展两个方面简要阐述幼儿教师专业发展理论。

1.幼儿教师专业化

教师专业化是教师在整个专业生涯中，通过终身进行专业学习与专业训练，获取教师职业的专业知识与技能，形成专业道德与品格、养成专业自律与自主，以之逐步提升自身的职业素质水平，从而不断向专家型教师迈进的过程。显然，幼儿教师专业化即幼儿教师通过终身的专业学习与专业训练，不断获取一系列从事幼儿教师职业不可或缺的幼儿保教知识与技能，形成幼儿教师必备的道德与品格，养成专业自主自立，从而使自身专业素质不断提升至接近或达到专家型幼儿教师应备素质的过程。教师专业化一般具有两层含义：一是指一个普通职业群体逐渐符合专业标准，成为专门职业并获得相应的专业地位的过程；二是指教师这一职业群体的专业性质和状态处于什么样的情况和水平。不言而喻，

---

① 王建磐.教师专业化与教师教育政策的选择[J].高等师范教育研究，2001（5）：1-4.

幼儿教师专业化也具有这样的两层含义。如同中小学教师专业化或高校教师专业化一样，幼儿教师专业化也包括幼儿教师职业专业化和幼儿教师主体专业化。其中，幼儿教师职业专业化是指幼儿教师职业群体向符合幼儿教师职业标准的方向变化与发展的过程；幼儿教师主体专业化是指幼儿教师通过接受培养与培训以及自身修炼等方式提升自身的专业情感、专业信念、专业品格、专业知识以及专业能力等专业素质，达到成熟状态的过程。幼儿教师专业化以幼儿教师职业的专业化为基础，以幼儿教师主体的专业化为目标。

2. 幼儿教师专业发展

（1）幼儿教师专业发展的含义

何谓幼儿教师专业发展？不妨先审视一下教师专业发展的含义。从字面意思上看，教师专业发展是教师专业素质结构不断变化、演进和丰富的过程；从逻辑意义上说，教师专业发展是指教师的专业成长过程，即教师作为专门的职业人员，其专业素养从不成熟到相对成熟的发展历程。具体而言，教师专业发展既指教师专业素质构成的演变，又指教师专业生涯阶段的演进。从专业素质看，教师专业发展是指教师的专业素质从专业知识和专业技能向专业知识、专业技能、专业信念、专业动机、专业态度、专业情感、专业期望和专业发展意识等发展的历程；从专业生涯看，教师专业发展是指教师从新手型教师乃至职前教师向熟手型教师直至专家型教师发展的历程。由此不难推断，幼儿教师专业发展既指幼儿教师专业素质的发展过程，又指幼儿教师专业生涯的发展过程。其中，幼儿教师专业素质发展是指，幼儿教师的专业素质不断提升至接近或达到专家型幼儿教师应备素质的过程；幼儿教师专业生涯发展是指，幼儿教师从新手型幼儿教师乃至职前幼儿教师不断向熟手型幼儿教师直至专家型幼儿教师发展的过程。

值得指出的是，幼儿教师专业发展的过程，不仅是幼儿教师自我完善的过程，更是幼儿教师通过完善自身而更好地促进幼儿完善的过程。

（2）教师专业发展的内容

①身心系统。幼儿教师的职业活动内容是教书育人，其中，教书是手段，育人是目的。由于人是具有主观能动性和个体差异性的智慧动物，因而教书育人活动是一项复杂的脑力劳动和特殊的体力劳动，它要求从业者必须具有充沛的精力、健全的人格、良好的心境，否则从业者将难以胜任这项活动。可见，拥有健康的身体和健康的心理是一名教师顺利从事教师职业的保障，健康的身心系统理应是幼儿教师专业发展的内容。

②观念系统。观念是行为的先导，教师的教育观念必然影响教师自身的教

育行为，进而影响教育成效。与滞后的教育观念相比，先进的教育观念通常能够带来较高的教育成效。因而，先进的幼儿教育观念是幼儿教师专业发展的"催化剂"，形成先进的幼儿教育观念必然是幼儿教师专业发展的应有内容。

③品格系统。这里的品格是指教师的品德和性格。就品德而言，由于教师是学生成长过程中的"重要他人"，因而学生很难不会具有"向师性"。无疑，教师的师表形象是学生学习的榜样和模仿的对象，显然，具备优秀的品德是幼儿教师作为幼儿表率的前提。以性格来说，每一种职业都要求从业者具有与之匹配的性格，即性格影响着一个人对职业的适应性，一定的性格适合于从事一定的职业，同时，不同的职业对人有不同的性格要求。显而易见，培养良好的性格，也是幼儿教师专业发展的主要内容之一。可见，品格系统是幼儿教师专业发展的关键内容。

④知识系统。教师之所以配称为教师，最起码的原因是教师在知识方面具有相对的权威性。作为一名教师，不仅需要具备学科专业知识教育、教学知识和通识文化知识，还需要具备个人的实践性知识。由此可见，知识系统是幼儿教师专业发展的基础，必然是幼儿教师专业发展的主要内容。

⑤能力系统。由于具备一定的教育教学能力与教科研能力是教师顺利从事教师职业活动的条件。因而，与从事幼儿教师职业相关的能力系统理当是幼儿教师专业发展的基本内容。教育教学能力主要包括语言表达能力、教学组织能力、学科教学能力、课程开发能力、班级管理能力等；教育科研能力主要包括教育教学改革创新能力、教育教学反思能力、教育教学行动研究能力等。

二、学前教育实践性理论

幼儿教师是一份实践性非常强的职业，作为一名合格的幼儿教师，必须深谙幼儿的保育和教育工作，显然，在培养学前教育专业人才的过程中，理应注重培养职前幼儿教师的实践能力。为此，本小节将着重阐述与学前教育专业人才培养相关的三大教育实践性理论，即教育与生产劳动相结合理论、教育情境构建主义学习理论、教育实践性教学理论。

（一）幼儿教师教育与生产劳动相结合理论

教育与生产劳动相结合理论是马克思主义教育的基本思想，也是我国长期教育方针的重要组成部分，老一辈领导人都非常重视教育与生产劳动相结合。马克思、恩格斯立足于人的全面发展和全面教育的视角，从三个方面阐述了教育与生产劳动相结合的理论：第一，教育与生产劳动相结合是改造现代社会最有力的手段之一；第二，教育与生产劳动相结合是提高社会生产力的一种重要方法；第三，教育与生产实践相结合是培养全面发展的人的唯一方法。当前，"教育与生产劳动相结合"这一主张已经普遍被"教育要注重理论联系实践"这一原则所代替。

其实，上述两者的基本含义是一致的，它们都倡导人才的培养不仅要注重理论的指导，而且要注重实践的锻炼，通过理论学习与实践训练全面提升人才的知识素质和能力素质。对于致力于培养幼儿教师的学前教育专业而言，理当在重视学前教育专业学生知识积累的同时，不忘重视他们未来职业能力的训练。只有通过教育与生产劳动相结合的形式，即高校的理论学习与幼儿教育一线（尤其是幼儿园）的实践体验，才能更大限度地全面提升学前教育专业学生的职业素质。

（二）幼儿教师教育情境建构主义学习理论

建构主义学习理论是 20 世纪 80 年代末期参照人脑的机制而构建的学习理论。建构主义学习理论认为，学习不是由教师把知识简单地传递给学生，而是由学生自己建构知识的过程。学生不是简单、被动地接受知识，而是主动地建构知识，这种建构是无法由他人来代替的。学习不是学生被动接收信息刺激，而是学生主动地建构意义，是学生根据自己的经验背景，对外部信息进行主动的选择、加工和处理，从而获得自己的意义。为此，在教育过程中，教师不能无视学生已有的知识经验，简单、强硬地从外部对学生实施知识的"填灌"。在教育过程中，教师应是学生建构知识的引导者或合作者，学生才是知识的主动建构者。

20 世纪 90 年代后，随着建构主义理论研究的不断深入，学术界对学习本质的认识不断加深，情境建构主义学习理论逐渐形成。情境建构主义学习理论认为，学习活动应尽可能在真实的职业环境中进行，学生在真实职业环境中的体验非常重要，这种体验十分有利于学生构建知识，教学有必要在真实的职业情境中进行。同时，情景建构主义学习理论指出，如果学生的学习环境与其未来的工作环境是割裂的，学生就难以养成在真实职业情境中建构知识的能力。

情境建构主义职业教学模式主张以实践为先导，以任务为本位，激发学生的学习动机。目前，高等师范院校在学前教育师资职前培养时，课堂教学所占的比重仍然很大，这不仅难以使学生真正掌握专业理论，而且容易造成理论与实践的严重割裂。显然，对于学前教育专业人才培养来说，通过建构一种有利于学生学习的情境，激发学生学习的主动性与积极性，必然能够促进学前教育专业人才培养质量的提升。

（三）幼儿教师教育实践性教学理论

实践性教学理论认为，那种将学生在校的学习与未来的工作完全割裂开来，或者认为学生在学校里的学习是为其未来工作做准备，而未来的工作只是运用其在学校里获得的知识的观念在当代已经过时，只有把学生在学校里的学习和其未来的工作整合起来，才符合当代教育发展的趋势。为此，实践性教学理论认为，相对课堂学习来说，实践性学习更具有真实性。依据这种理论不难推断，对学前教育专业人才培养来说，由于幼儿教师职业具有明显的实践性，因而在人才培养过程中，理应注重将学校的课程学习与幼儿园的见习及实习整合起来，只有这样，才能更大程度地提高学前教育专业学生的职业能力。

三、教师的实践性知识观

教师职业是一项实践性相对较强的职业，需要教师具备相应的实践性知识。教师的实践性知识是教师在实践活动的基础上，经历多次成功和失败后得出的经验总结。由于教师的实践性知识是教师专业发展的主要知识基础，在教师工作中发挥着不可替代的作用，因而，教师要想提升自己的专业发展水平，必须不断地积累自己的实践性知识。作为教师群体的一部分，幼儿教师自然不会例外。显然，在学前教育师资或幼儿教师的职前培养阶段——学前教育专业人才培养过程中，应注重以实践知识观为指导，以便促进准幼儿教师实践性知识的积累。为此，本小节将专门阐述幼儿教师的实践知识观。

（一）实践性

实践性是指某一事物具有实践的性质或实践的特性，它是相对理论性而言的。何谓实践？关于这一概念，无论是理论界还是实践界，无论是正式场合还是非正式场合，都得以广泛运用，但从已有文献看，很少有专门阐述这一概念的话题或文章。马克思认为，实践不仅是与认识相对应的范畴，还是人的存在方式。郭水兰指出，实践一词有广义和狭义之分，广义的实践是指人们特有的对象性活动，或人们凭借一定的手段有目的地、能动地改造世界的对象化活动；狭义的实践是与理论或认识相对应的范畴，是理论认识的运用，是区别人们以精神或观念的方式把握客体的活动[①]。本书认为，实践是相对理论而言的，是人们以一定的方式或手段改造客观世界的能动性活动，这种活动既可以是内隐的心理活动，也可以是外显的行为活动。

（二）教师的实践性知识观

实践性知识观是关于实践性知识的观点或理论。实践性知识观指出，知识分为理论性知识和实践性知识两种，理论性知识通过理论学习而获取，实践性

---

① 郭水兰.实践教学的内涵与外延[J].广西社会科学，2004（10）：186-187.

知识必须通过个体亲身实践体悟才能获得，且实践性知识具有个体性、经验性、情境性、缄默性及非结构性等特征。

1.个体性特征

知识是人类在实践活动中形成的，不同的个体，由于其经历的具体实践不同，因而所获得的实践性知识也有差异。正如美国教育家埃贝尔所说："一个人经验（直接的或间接的）和记忆的一切内容，都可以成为他知识的一部分。如果经验和记忆的内容被整合进他自己的知识结构中去的话，记忆内容就成为知识的一部分。但这只能由学习者自己来做，别人无法越俎代庖[①]。"实践性知识具有个体差异性，不同的个体，其拥有的实践性知识也是不同的。

2.经验性特征

实践性知识是个体在经历某种实践活动的过程中或完成某种实践活动之后形成的，是个体对某种实践活动的真实体验与体悟，明显具有经验性。一个人的实践性知识必须依靠他本人亲自体验与体悟之后才能形成，其他人不能代替或包办，否则就不是他本人的实践性知识而是他人的实践性知识。实践性知识不是某种客观的、独立于个体之外而被习得或传递的东西，而是个体经验的全部。

3.情境性特征

一方面，个体的实践活动离不开具体的情境，即个体的实践性活动必然发生在某种具体的情境之中，若缺乏某种具体情境条件做支撑，相应的实践活动将难以产生或根本不可能产生。为个体提供相应的情境条件，是个体形成相应实践性知识的前提。另一方面，与理论知识相比而言，实践性知识是一种不确定性的情境性知识，与特定情境问题的解决有关。

4.缄默性特征

实践性知识是个体对自身实践活动的体验与体悟，其中的诸多体验与体悟是难以用言语表达的，只能通过意会的方式表达。如果某种实践性知识的全部内容均能用言语的方式表达出来，则这种实践性知识就上升成为一种理论性知识。

5.非结构性特征

个体的实践性知识是一种实践智慧，具有较大的灵活性，在不同的具体实践活动中必须灵活地运用。

① 潘洪建.什么是知识：教育学的界说[J].江苏大学学报（高教研究版），2005（1）：23-29.

（三）教师实践性知识的增进途径

要想提升教师的专业实践能力，必须增进教师的实践性知识。加强教师的实践反思、创建教师共同体、强化教师培养的实践环节等途径，是增进教师实践性知识的基本途径。

1.加强教师的实践反思

一般来说，只要具有一定"三教"实践经历的教师，都或多或少具有一定的实践性知识。起初，这些实践性知识大多是零散的、感性的，但经过教师自己反思总结后就可能比较系统、比较理性，进而就会对教师今后的"三教"实践具有指导价值。为此，通过一定的方式，激励教师积极主动地反思自己的"三教"实践，以之增进教师实践性知识，十分必要。

2.创建教师共同体

由于教师实践性知识具有明显的个体性与情境性特征，因而一旦遇到复杂的"三教"问题情境时，单个教师往往会出现无助感。然而，在平等、合作的原则下构建教师共同体，将可以促使教师通过研讨、协商、支持等方式共同探索并解决"三教"问题。不言而喻，在教师共同探索与解决"三教"问题的过程中，他们各自的实践性知识都将会得到明显的增进。

3.强化教师培养的实践环节

教师实践性知识是教师在大量实践体验中产生的，为增进教师实践性知识，有必要强化教师职前培养、入职教育及职后培训等各阶段的实践环节。比如，在入职教育及职后培训阶段，通过调整教师培养的课程结构，增加教学技能和微格教学培训的课时量；在职前培养阶段，延长教育实践的时间长度，保证教育见习与教育实习的有效性。

第三章 学前教育专业人才培养模式现状及反思

第一节 学前教育专业人才培养模式的现状

一、经典的培养模式

迄今为止，不少老牌高等师范院校及职业院校已经探索出比较成熟的学前教育专业人才培养模式，比较典型的模式主要有以下四种。

（一）"大教育小学前"模式

此类模式突出了学前教育专业的学科属性，将学前教育作为整个教育学科的一部分，视学前教育与小学教育、特殊教育等教育学类专业为同一层次，因而，在人才培养上，习惯将学前教育专业人才放在大教育学背景下来培养。主要体现为：该专业学生与其他教育学类专业一样，共同接受基础性的教育学科理论教育后，再系统地学习学前教育专业的相关理论课程，并接受学前教育专业的特殊实践训练。这种模式在强调教育学科基础理论知识的同时，兼顾了学前教育专业的特殊专业性，体现了"厚普通教育学科基础、深学前教育专业知识"的特点。

（二）"专业教育教师教育"模式

此类模式突出了学前教育专业的专业属性，将学前教育视为与语文教育、数学教育、物理教育、化学教育等学科教育一样的专业教育，因而，在人才培养上，习惯将学前教育专业人才培养分为学前专业教育和教师教育两部分。具体做法是，在普通的学前专业理论、专业实践课程之外附加一个教师教育课程，一般包括 2 个必修学分、8 个选修学分和 12 个实践学分。该模式体现了"宽教师教育、精学前教育"的特点。

（三）"平台模块"模式

此类模式突出了课程在人才培养上的重要价值。此处的平台特指平台课程，模块特指模块课程。其中，平台课程是指学校、院（系）、专业三个不同平台所开设的课程，而模块课程是指某一平台上相关联的课程体系。学前教育专业的学生可以选择性地学习这三个平台上的不同模块课程。该模式淡化了传统培养模式人才培养方面的狭隘专业观念，强调了课程在人才培养方面的特殊意义。

（四）"'校''园'合作"模式

这里的"校"特指设有学前教育专业的学校，"园"特指各类幼儿园。"'校''园'合作"模式亦称"工学交替"模式，是指学前教育师资培养机构和幼儿园签订人才合作培养协议，幼儿园向学校提出订单式人才培养需求，学校在相关课程设置与教学内容上以幼儿园的需求为依据。一般来说，学校采用"2+1"或者"3+1"方式培养人才。其中，学生两年或三年时间在校学习理论，最后一年在幼儿园实地学习。该模式突出了学前教育人才培养的定向性。

二、新型培养模式

当下，随着学前教育的重要价值日益凸显以及学界对学前教育的认识逐渐加深，不少高校不仅争相申报学前教育专业，而且竞相探索新的学前教育专业人才培养模式。在此背景下，多种新型的学前教育专业人才培养模式被不断推出。其中，以下几种模式尤为突出。

（一）"全实践"模式

所谓"全实践"，就是将幼儿教师专业发展全程中所有实践环节作为一个整体来系统定位、统筹安排。"全实践"模式亦称"田园耕作"模式，该模式注重突出学前教育专业人才培养的实践环节。在学前教育专业人才培养中，融入"全实践"的理念，通过名师指导，使学生在做中教、做中学，以之扩大学生的"田园耕作经验"，提升学生的具体实践能力。该模式主张"全实践"理念全程贯通整个人才培养过程，在培养内容上要体现全面整合，在培养理念上要体现全息渗透。此外，该模式强调在人才培养的不同阶段，安排不同层次与不同深度的专业见习、专业实习、顶岗带班。

（二）"工学结合"模式

"工学结合"模式是将学习与工作结合在一起的教育模式。该模式突出理论与实践并重的学前教育专业人才培养理念，主张学生在校期间不仅要从事学习活动，而且要去实习基地工作，即主张学生边学习边实践，做中学、学中做，从学习中习得理念，从实践中获取能力。

（三）"反思实践"模式

该模式针对一般人才培养模式中或偏重理论的"学"或偏重实践的"行"

而忽视沟通理论与实践之桥梁的"思",将"反思性实践者"作为人才培养的理想形象,培养适应 21 世纪学前教育事业发展的高级专业性人才。该模式主张学前教育师资既要具备宽厚的自然与人文通识知识,又要具备精深的学前教育专业理论知识,同时要具备将上述两者融合并运用于实践的反思性知识和反思性能力。为此,在课程设置上,该模式既注重通识课程的教学质量,又注重实践课程的反思性学习任务,主张学生在实践过程中形成反思意识与反思能力,做到"学、思、行"并重。

(四)"全语言教育"模式

该模式是基于"全语言理论"提出的,旨在培养适应儿童的"形式语言"(中文、英语等)与"符号语言"(舞蹈、英语、肢体动作等)。该模式强调构建"全语言教育"师资团队,以"产—研"双师型教学方式或"3+1"教学方式来培养学生的"全语言"意识、"全语言"教学能力,以适应"全语言"教育。

第二节 学前教育专业人才培养模式改革思考

一、学前教育专业人才培养模式改革的政策思考

政策是理论与实践相联系的桥梁,教育政策是基于教育理论而指导教育实践的风向标,学前教育政策理所当然是学前教育的实践统帅。改革现有学前教育专业人才培养模式之前,必须先探讨其相应的政策依据,为此,本小节着力阐述学前教育专业人才培养模式改革的相关政策依据。

(一)人才培养模式改革的背景性政策

过去很长一段时间以来,人们一直将培养教师的教育称为师范教育,而且师范教育主要在师范院校进行,且师范教育针对的是教师入职之前的培养,很少甚至不涉及教师入职的教育和职后的培训。从 20 世纪 80 年代开始,美国掀起了教师专业化运动,教师专业发展迅速成为国际性潮流,这促进了诸多国家教师培养制度的改革。这场国际性的教师专业发展运动促使传统的师范教育向现代教师教育快速转型并呈现出八大特征:其一,十分重视教师和教师教育;其二,大力加强教师教育法制建设;其三,积极推进教师教育体系开放;其四,着力提高教师教育层次水平;其五,充分重视教师教育质量;其六,系统开展教师职后继续教育;其七,不断强化教学实习实践环节;其八,紧密联系

基础教育教学实际，以切实提高教师教育质量，促进教师专业发展。[①]

随着教师专业发展运动不断深入，传统的"师范教育"已逐步被现代的"教师教育"所替代，教师的培养打破了昔日封闭性与终结性的师范教育体系，逐步进入开放性与终身性的教师教育体系。目前，教师教育成为教师职前培养、入职教育及职后培训的统称。与传统的"师范教育"相比，现代的"教师教育"是基于终身教育的理念，依据教师在专业发展不同阶段的特点所进行的集教师职前培养、入职教育及职后培训于一体的，连续的一体化教育过程。在此背景下，2001年颁布的《国务院关于基础教育改革与发展的决定》中明确主张"完善以现有师范院校为主体、其他高校共同参与、培养培训相衔接的开放的教师教育体系"。

而在2003年颁布的《2003—2007年教育振兴行动计划》中进一步提出要"构建以师范大学和其他举办教师教育的高水平大学为先导，专科、本科、研究生三个层次协调发展，职前职后教育相互沟通，学历教育与非学历教育并举，促进教师专业发展和终身学习的现代教师教育体系"。这一文件的出台，标志着我国"师范教育"时代正式结束，而"师范教育"时代的结束正是"教师教育"时代的正式开始。在"教师教育"时代，我国教师培养体现出从学科本位向能力本位转变，从中专、专科及本科三级教师培养体系向专科、本科、研究生三级教师培养体系甚至向本科、研究生二级教师培养体系转变，从单师范院校（含中等师范学校）培养师资的格局向多样化大专院校（含极少数中等师范学校）培养师资的格局转变的三大特点。

（二）《幼儿园教师专业标准（试行）》是改革的指导性政策

为促进幼儿园教师专业发展，建设高素质幼儿园教师队伍，根据《中华人民共和国教师法》，教育部于2012年颁布出台了《幼儿园教师专业标准（试行）》1号文件（以下简称《专业标准》）。《专业标准》是国家对合格幼儿园教师专业素质的基本要求，是幼儿园教师开展保教活动的基本规范，是引领幼儿园教师专业发展的基本准则，是幼儿园教师培养、准入、培训、考核等工作的重要依据。《专业标准》从专业理念与师德、专业知识、专业能力三个维度对合格幼儿教师进行规定，涉及14个领域，包含62项基本要求。

《专业标准》具有以下五个突出特点：第一，对幼儿园教师的师德与专业态度提出了特别要求；第二，要求幼儿园教师高度重视幼儿的生命与健康；第

[①] 杨天平,王宪平.国际教师教育改革发展的特征和趋势述要[J].当代教师教育,2009,2(1): 68-73.

三，充分体现幼儿园"保教结合"的基本特点；第四，强调幼儿园教师必须具备的教育教学实践能力；第五，重视幼儿园教师的反思与自主专业发展能力。《专业标准》指出：开展幼儿园教师教育的院校要将《专业标准》作为幼儿园教师培养培训的主要依据；要重视幼儿园教师职业特点，加强学前教育学科和专业建设；要完善幼儿园教师培养培训方案，科学设置教师教育课程，改革教育教学方式。不言而喻，该文件不仅指明了合格幼儿园教师应备的基本专业素质，而且为各类幼儿园教师培养机构（学前教育师资培养机构）从培养理念、课程体系及教学方式等方面改革其学前教育专业人才培养模式做出了具体指导。

（三）幼儿教师资格证书考试制度是改革的动力性政策

正所谓"教育大计、教学为本，教学大计、教师为本"，教师是教育教学的第一资源。为从教师入口上保障教师质量，教育部于 2011 年颁布了《教育部关于开展中小学和幼儿园教师资格考试改革试点的指导意见》（教师函〔2011〕）6 号文件。幼儿园教师资格考试主要从职业道德、专业知识和专业能力三个方面对从事幼儿教师职业者的专业素质进行考查。审视幼儿园教师资格考试大纲发现，合乎幼儿园教师资格的幼儿教师必须具备先进的教育理念、良好的法律意识、高尚的职业道德、基本的科学文化素养及基本的阅读理解、语言表达、逻辑推理和信息处理等能力，掌握幼儿保育和教育及幼儿园班级管理的基本原理和基本知识，能正确解决幼儿保育和教育中经常出现的实际问题，具备一定的学科教学能力，掌握专业领域的基本知识及幼儿教学设计、幼儿教学实施和幼儿教学评价的基本原理和方法，并能在幼儿保育和教育实践中正确运用。毋庸争辩，幼儿园教师资格证书考试制度，既直接对幼儿教师职业从业人员提出了基本要求，又间接对各级各类幼儿教师教育机构（学前教育师资培养机构）人才培养提出了基本要求，促进了各级各类学前教育师资培养与培训机构改革其现有的学前教育专业人才培养模式的进度。

（四）《教师教育课程标准（试行）》是改革的操作性依据

为落实教育规划纲要，深化教师教育改革，规范和引导教师教育课程与教学，培养高素质专业化教师队伍，教育部特别出台了《教师教育课程标准（试行）》。《教师教育课程标准（试行）》体现了国家对教师教育机构设置教师教育课程的基本要求，是制订教师教育课程方案、开发教材与课程资源、开展教学与评价，以及认定教师资格的重要依据，并指出了以下几点：

①幼儿园职前教师教育课程要帮助未来教师充分认识幼儿阶段的特性和价值，理解"保教结合"的重要性，学会按幼儿的成长特点进行科学的保育和教

育；理解幼儿的认知特点和学习方式，学会把教育寓于幼儿的生活和游戏中，创设适宜的教育环境，保护与发展幼儿探究、创造的兴趣，让幼儿在愉快的幼儿园生活中健康地成长；幼儿教师教育机构要依据幼儿教师教育课程标准，制订幼儿园教师教育课程方案，科学安排公共基础课程、学科专业课程和教师教育课程的结构比例。

②根据学习领域、建议模块以及学分要求，确立相应的学前教育课程结构，提出课程实施办法，制定配套的保障措施。

③建立学前教育课程自我评估制度，及时发现问题，总结经验，不断完善课程方案；强化学前教育实践环节，完善学前教育实践课程管理，确保学前教育实践课程的时间和质量。

④大力推进学前教育课程改革，创新幼儿教师培养模式。

通过研读《教师教育课程标准（试行）》可以发现，它不仅具体指明了我国幼儿教师教育课程改革的方向，而且具体指明了我国幼儿教师培养模式改革的方向，对各级各类学前教育师资培养机构改革其现有的学前教育专业人才培养模式提供了操作性的指导意见。

二、学前教育专业人才培养模式改革的现实思考

任何人才都不是抽象的人才，而是社会需要的具体人才，培养人才必须立足社会现实。培养学前教育专业人才当然也不例外。为此，在改革与重构学前教育专业人才培养模式之前，必须先从社会现实层面探讨其依据。本小节将从学前教育专业的生源状态以及学前教育专业毕业生的素质状况两个方面阐述其改革的现实依据。

（一）学前教育专业的生源现状

1.男生极为缺乏

无论是从教育专业这个大方向来看，还是从学前教育这个小方向来看，男生都极为缺乏，虽然近些年来男生的比例有所上升，但男生人数占总人数的比率很小的现实仍旧没有改变。

2.调剂生占有一定的比例

调剂生即接受专业调解的学生。所谓调剂，就是考生在未被第一志愿录取的情况下，从平行志愿中选择其他的志愿进行录取的行为。调剂分为校内调剂和校外调剂，校内调剂主要是专业的调剂，而校外的调剂主要是不同学校之间的调剂，其中校内跨专业的调剂最为常见。笔者在调查中发现，虽然调剂生没有占到大多数，但仍旧占有一定的比例。

3.专业认识模糊

专业认识模糊是指报读学前教育本科专业的学生对学前教育专业本身的认识模糊。笔者在调查中发现，虽然很多学生在报考专业前都会通过网络搜索去了解专业相关的内容，但多数学生理解得非常片面，其认识仅仅停留在一个非常浅显的层面，能够对学前教育专业有深入了解或认识的学生比例相对较低。

（二）学前教育专业毕业生的素质现状

1.知识运用能力现状

幼儿教师从事教育教学工作应具备的基本素质有科学文化、专业技能和专业基本理论三方面的知识，要求幼儿教师在教学中掌握的知识要相对平衡。知识运用能力是幼儿教师应具备的专业实践操作能力之一，是教师运用多方面的知识来解决实践中所遇到的各种问题的能力。具体来说，知识运用能力包括观察了解幼儿的能力、理解把握幼儿心理的能力、学习和获取新知识的能力、自学能力、设计编写教案能力、教学工作评价能力、科研能力。在调查中发现，科研能力是学前教育毕业生最为欠缺的一项能力。而科研能力作为教师专业发展的必须具备的能力之一，每个教师都应成为教育实践的研究者，因为教师不能成为改进教育实践的人，教育就不会取得较大的进步。

出现这种结果的原因有两个：第一，学前教育毕业生以及幼儿园教师对教育研究活动的认识和理解还不够全面，存在一定问题。第二，由于教育研究能力和水平的限制，很多幼儿园组织开展的教育研究活动大多是对教育实践经验的总结，因此缺乏系统的理论支持和指导，在组织管理等方面也缺乏相对科学和有效的方法与手段。

2.实践操作能力现状

对于幼儿教师来说，实践操作能力是幼儿教师从事教学工作的核心要素。21世纪对于高素质的幼儿教师的三个条件之一就是具有较强的现代化教学能力和独立创新能力，要善于运用各种现代化教学手段，从中进行教学的实践操作。幼儿教师的实践操作技能有很多，主要表现在布置活动区域环境的能力、制作玩教具的能力、多媒体的使用能力、创编能力、社区资源利用能力等五个方面。

但是，由于学前教育专业人才培养模式中过于重视理论知识的学习，导致少数毕业生的实践操作能力不尽如人意，尤其是社区资源利用能力极为欠缺。很多毕业生对于社区的结合还存在不少不正确的认识，如有人认为自己幼儿园周围的社区环境不好，所以不能合作；或认为与社区合作太麻烦，搞一次活动费好大劲；或认为幼儿什么也不会做，社区的活动搞多了影响幼儿园日常日程等。

3.组织沟通能力现状

组织沟通能力是幼儿教师在一日生活中组织设计教育教学活动的主要专业能力，也是教育教学工作中的关键因素。以沟通能力来看，主要表现在与幼儿沟通、与家长沟通、与同事沟通三个方面，而沟通能力的结构按重要程度进行排序依次为与幼儿的沟通能力、与家长的沟通能力、与同事的沟通能力。

在教育教学过程中，教师与幼儿、教师与教师、教师与家长等方面都有着广泛的人际交往。沟通是人与人之间通过信息交流，彼此相互理解，彼此接纳对方观点，为彼此协调，达到默契的过程。所以，在沟通能力方面，幼儿教师都认为，作为一名准幼儿教师，教育教学活动直接面对的对象就是幼儿，要能够充分地理解幼儿，和幼儿保持良好的沟通与交流是十分重要的。同时，幼儿教师也要具备与幼儿家长沟通的能力和技巧，使幼儿家长能够了解幼儿在幼儿园内一日的所有活动情况，也可以通过与家长的沟通了解幼儿在家庭中的生活习惯和表现。但是，很多学前教育专业毕业生由于缺乏有效的实践经验，在与幼儿和幼儿家长沟通的时候总是会出现各种问题，当然，随着与幼儿和幼儿家长接触的增多，其沟通能力自然会获得提升。

在组织能力方面，教育全班幼儿，使幼儿在体、智、德、美几方面全面发展是教师的中心工作。在班级组织管理中，教师肩负着重大职责。从教育内容看，有德、智、体、美诸方面；从工作任务看，有保育和教育两方面；从教育途径看，有集体教学活动、劳动、游戏、日常生活活动等；从组织形式看，有集体、个别、小组活动等。幼儿教师要将这些内容和活动形式合理计划、科学安排，并做出最佳方案，促进幼儿发展，不是一件容易的事，这需要教师具有很强的组织能力。然而，由于缺乏相关的实践经验，很多学前教育专业毕业生在组织能力上表现得也不尽如人意。

三、学前教育专业人才培养模式改革的国外经验借鉴

（一）国外学前教育师资职前培养模式的经验

梳理国外学前教育师资职前培养模式的特点发现，其中存在着不少具有鲜明特征的培养经验。由于培养模式主要包括培养目标、培养内容、培养手段、培养制度及培养评价五个方面，下文将逐一对此加以阐释。

1.培养目标：以幼儿教师职业需要的具体实践素养为指向

培养目标是指根据一定的教育目的和约束条件，对教育活动的预期结果，即对学生的预期发展状态所做的规定。为了尽可能有效地培养高质量的幼儿教师，一些发达国家十分注重幼儿教师职前培养目标的具体性与实践性，即注重

以幼儿教师职业实践中所需要的多项具体素养为定位目标，这一点在美国和英国表现得较为突出。

以英国为例，近年来，英国学前教育师资培养机构在拟定幼儿教师职前培养目标时，日益关注保育所、幼儿园及学前班（5～7岁）等多种幼儿教育机构的实际教育教学需要，充分考虑未来幼儿教师进入真实的幼儿教育情境开展教育实践所需要的各项素养。比如，目前，英国学前教育师资培养机构的教育实习目标着眼于培养实习生的教学技能，这些教学技能不仅包括各类幼儿园课程的设计技能与实施技能、引导幼儿学习的技能、与幼儿家长沟通的技能、班级管理的技能，而且包括"社区合作"技能、幼儿教育评价技能、幼儿教育研究技能。此外，还包括实际了解和掌握与幼儿教师的责任与义务相关的法律条文、自我专业发展的责任等方面的技能。这些实习目标的确定，为实习生成为合格的幼儿教师做了充分的准备。

2.培养内容：以幼儿教师职业需要的专业理论素养为依据

专业理论素养主要体现为专业知识与专业能力。发达国家普遍认识到，幼儿教师虽然属于广大教师群体中的一部分，具有与教师职业相应的专门性知识与能力，但由于幼儿教师的工作对象不同于大学教师及中小学教师，因而还具有不同于大学教师及中小学教师的专门性知识与能力。为此，在幼儿教师的职前培养阶段，一些发达国家常常立足于幼儿教师职业需要的特殊知识与能力来设置相应的培养内容。尽管不同发达国家设置的具体培养内容有别，但其总体特征表现为知识类课程与能力类课程并重、理论性课程与实践性课程并重、通识类课程与专业类课程并重、学术性课程与师范性课程并重。

比如，就美国而言，其四年制大学早期教育专业不仅设置了诸如历史、人文、艺术、哲学、科学等大量通识课程，并使这些通识课程的学时数甚至超过了所有课程总学时数的1/3，而且明显提高了实践性课程的比例，并使其学时数高达总课程比例的30%。近年来，因十分重视学生专业实践能力的培养，美国转变了学前教育师资职前培养的评价方式。过去，美国比较强调掌握知识及学习成果的内部评价，而目前则比较强调学生的实践表现与理论运用，以及学生与儿童相互交往及个性化指导的外部评价。

再比如英国，尽管各学前教育师资培养机构往往立足于自身实际拟定不同的学前教育师资职前培养课程，但均十分注重凸显学前教育职业的特殊性。首先，在课程设置上，密切联系学前教育专业学生毕业后的工作实际。近年来，英国学前教育师资培养机构日益关注当前学前班（5～7岁）、幼儿园及保育所等多种幼儿教育机构的实际需要，以专题的形式，大量增设"国家公共政策与学前教育""儿童福利与学前教育""多元文化与学前教育""大众传媒与教育""文化传承与教育发展""反思性教学""叙事、研究与教学"及"以研究变革教育"等课程。此外，还立足于学前教育教师的专业发展，设置了诸如"学术发展和专业发展""社会情感""专业社会化和机构社会化""支持、资源和督导""教师专业发展"等主题形式的课程。其次，课程内容融理论性和实践性于一体，集师范性和学术性于一处。英国本科层次学前教育师资职前培养课程一般包括"核心课程研究""学科研究""专业研究"和"学校体验"四大模块。其中，"核心课程研究"是指所有学前教育专业学生都必须研修的英语、数学和科学三门国家核心课程及其教学法；"学科研究"是指学前教育专业学生根据自身兴趣在修学期间（一般在入学后的第一、二学年）从小学基础科目中选择的、专门研习的一门学科；"专业研究"是指有关教学设计、教学实施、课堂管理、学生监控、评估、记录、报告等方面的知识和理解，思考和探究教育基本问题；"学校体验"是指学生的教育见习、实习、在中小学及幼儿园开展的研究等方面的内容。最后，注重以教育实践的形式培养学生的教育理论素养。英国学前教育师资培养机构通常将"学校体验"模块有机整合或穿插于其他课程模块中，且分散设置于各个学年，与相关课程内容交叉进行、互为支撑。总的来说，英国学前教育师资培养机构十分重视在学生的教育实践过程中，引导学生探讨教育教学中的现实问题，以此达到同时提升学生实践能力和理论素养的目的。

3. 培养手段：突出"分段一体式"的教育实习

培养手段是指在人才培养过程中，为达到某种人才培养目的而采取的方法和措施。从发达国家的学前教育教师职前培养实践看，其培养手段除了表现出多样化的特点外，格外引人注目的便是其"分段一体式"的教育实习。所谓"分段一体式"的教育实习，是指为了更好地提高教育实习的针对性与有效性，将整体性的教育实习分成多个环节，使多个实习环节分散于学生修读期间的多个学年或多个学期，并使多个实习环节的实习目的与实习任务相互衔接、相互依存。

比如在美国，学前教育专业学生在修读期间的第一学年里主要修习通识课程，第二学年修完教育基础课程后到中小学及幼儿园见习，进入第三学年后，每学期被分配到各学前教育机构开展观察、调查与反思活动，在最终职业准备期时逐步独立地进入实际教学环境开展实习。尤其是为了提高"分段一体式"教育实习的成效，美国学前教育教师职前培养评价由过去强调知识掌握以及学习成果的内部评价，转变为当下强调学生的实践表现与理论运用，以及强调学生与儿童相互交往、个性化指导的外部评价。在英国，教育实习一直受到高度关注，分为正式实习和非正式实习两个环节。其中，非正式实习以见习、在中小学及幼儿教育机构开展研究等多种形式分散安排于多个学期的"学校体验"模块课程（教育实践课程）之中，正式实习则在专门的学前教育实践基地进行。

4.培养制度：讲求多元合理

培养制度是指有关人才培养的规范与准则。从一些发达国家的学前教育师资职前培养制度看，其凸显的特点体现为多元合理。其中，其培养制度的多元性主要体现以下两个方面。

一是培养机构具有多元性。比如，美国培养学前教育师资的机构不限于师范院校，目前主要有综合性大学的早期教育系、社区学院及教师资格准核部门的培训机构（如儿童发展指导者 Child Development Associates，简称 CDA）和专门学校系统的培训部门（如蒙台梭利协会）。值得一提的是，在美国，有些并没有设置早期教育系的大学也提供相当于 CDA 的证书课程，甚至还有部分高中学历人员仅经过一定实践锻炼后就可以在学前教育机构从业；德国培养学前教育师资的机构主要有技术学院、大学及培训学院；英国培养学前教育师资的机构主要有大学教育系或教育学院、师范学院、多科技术学院的教育系、技术教育学院和艺术教育中心五类。

二是培养层次具有多元性。第二次世界大战前后，一些发达国家提出学前教育师资达到大专以上学历。1977 年前后，美国和英国的学前教育教师已普遍具备学士学位。近年来，随着学前教育的不断发展，发达国家对学前教育师资的学历要求日益提高，有些国家甚至出现了研究生层次的学历要求。如法国为提高师资水平，自 2010 学年到 2011 学年开始实施"硕士化"教师培养制度，将新教师的学历起点提高至硕士层次，学前教育教师亦不例外。当前，发达国家学前教育师资的学历呈现出专科、本科及研究生并存的格局。

其培养制度的合理性则主要体现在各类培养机构的人才培养定位方面。从目前发达国家的各类学前教育师资职前培养机构看，无论是在人才培养的学历层次定位上，还是在人才培养的能力水平定位上，大都立足于本培养机构的自身办学条件而进行人才培养定位。比如，美国综合性大学的早期教育系培养本科层次及研究生层次的学前教育师资，社区学院培养专科层次学前教育师资；日本两年制的短期大学和四年制大学分别培养专科层次和本科层次的学前教育师资；英国两年制的技术学院培养专科层次学前教育师资，四年制大学的学前教育师资培养机构则培养本科及本科以上层次的学前教育师资。此外，无论是美国、日本，还是英国，其社区学院和办学实力较为一般的大学主要以培养合格的学前教育师资为目标，而办学实力较强的大学则偏向于培养优秀的学前教育师资为目标，可谓各有所长、层次分明、定位合理。

5.培养评价：沿用第三方权威专业机构制定的评价标准

培养评价是指立足社会对人才的客观需求，依据科学、合理的标准对人才培养的整个过程所进行的价值判断活动。培养评价对培养目标、培养内容、培养手段及培养制度具有监控、反馈及调节等作用。从发达国家的学前教育师资职前培养评价看，其鲜明特点体现为，评价标准的制定主体通常为第三方权威专业机构，这样做的目的是更好地确保学前教育师资职前培养的质量。

比如，美国学前教育师资职前培养的评价细则是根据美国幼儿教育领域权威专业机构全美幼儿教育协会制定的《幼儿教育职业准备标准》实施的。全美幼儿教育协会制定了三种学前教育师资职前标准，即初级许可证标准（本科水平）、高级许可证标准（研究生或博士水平）和副学士学位标准（专科水平）。这三套标准均包含优秀、熟练、发展及基础四种水平，职前培养结束时，准幼儿教师至少要达到熟练水平。再如英国，非常重视学前教育师资的职前培养，不仅明确规定了学前教育工作者必须持证上岗，而且严格实施学前教育资格证书制度。英国学前教育师资资格证书大致有 0~8 岁儿童健康和教育的两年课程证书、2~5 岁儿童健康和教育的一年课程证书、初等教育的三年课程证书、0~8 岁儿童保育和教育的一年课程证书等。

（二）国外学前教育师资职前培养模式的启示

审视国外学前教育师资职前培养模式的经验，不难发现，其中具有诸多可以借鉴的地方，下面着重从培养目标、课程设置、培养方式及培养端口四个方面进行阐述。

1.促进培养目标分层定位

从理论上讲，人才培养目标应当充分体现国家、社会或行业对人才的要求。当国家、社会或行业需要多样化的人才之时，不同的培养机构理当根据自身的实际条件设置不同层次的培养目标。审视国外不同学前教育师资职前培养机构，不难发现，不同层次的培养机构，其培养目标定位不同，且这种不同定位与其自身的层次是相适应的。比如，国外的社区学院（专科）和普通大学（本科）主要以培养合格的师资为主，而实力较强的大学则偏向于培养更高层次的师资（如研究生）。然而，我国当下大多数学前教育师资职前培养机构并无明确的分层定位目标。

比如，一些相应资质比较雄厚的重点师范院校，其职前学前教育师资的培养基本上是从专科学历到博士研究生学历一应俱全。这样的培养格局无疑不能适应当下学前教育机构对多样化学前教育师资的需求。显然，缺乏分明的办学层次和培养重点，是我国当下学前教育师资职前培养机构的突出特征，而促进不同学前教育师资职前培养机构分层定位其培养目标，乃是我国学前教育师资职前培养模式改革的关键举措。

2.促进课程设置权威认证

课程设置是课程总体规划，它依据一定的培养目标选择课程内容，确定学科门类及活动，确定教学时数，编排学年及学期顺序形成合理的课程体系。从国外学前教育师资职前培养模式看，其相应的课程设置通常经过了相关专业权威机构的有效认证，因而其课程设置总体上十分合理。比如，为了针对性地培养幼儿教师的专业实践能力，美国、英国的学前教育师资职前培养机构分别以全美幼儿教育协会制定的《幼儿教育职业准备标准》以及英国教师标准局和英国教师联合会联合出台的《英国合格教师专业标准与教师职前要求》，将实践课程的比例提高到了30%；为了针对性拓展幼儿教师的专业视野，美国、英国、日本及加拿大等国家的学前教育师资职前培养机构提高了通识课程的比例，使之占到整个课程的1/3左右。此外，以美国、英国为首的西方发达国家的学前教育师资职前培养机构在最终确定设置具体的课程类别与课程内容时，通常需要得到权威专家的认可或权威机构的认证。

3.促进培养方式实践取向

促进培养方式实践取向是指通过促进设有学前教育专业的大学（学院）与幼儿园及中小学合作共建幼儿教师专业发展学校的形式，适当拓展学前教育专业学生在幼儿教师专业发展学校见习与实习的时间与空间，从而进一步提升学前教育职前教师的专业实践能力。目前，以美、英为首的诸多国家在学前教育师资职前培养过程中，不仅十分注重与幼儿园及中小学等教育实践基地开展合作，而且精心设计学前教育专业学生的教育见习与实习。

以美国为例，威斯康星大学通过在自己的教师专业发展学校进行现场教学，通过开展幼儿园教师的专门指导，通过师范生与幼儿及其家庭协同工作、师范生参与大学和幼儿园共同举办的学习交流活动、反思专业实践经历等方式培养了大批合格的学前教育师资；哈特福德大学打破传统教师个体性的课堂教学模式，通过与当地幼儿教师构成研究共同体，以教师专业行动研究的方式培养出了大批合格的学前教育师资。此外，美国学前教育专业学生的教育见习与实习的时间相对较长，且分散于学生修读期间的多个学年或学期进行。

4.促进培养端口把关严格

培养端口是指人才培养的入口和出口，即入学关口和毕业关口。其中，入学关口事关生源质量，其把关是否严格间接决定着人才培养的质量水平，而毕业关口事关毕业生的素质，直接决定着人才培养的质量水平。所谓促进培养端口把关严格，就是既加强学前教育专业学生的入学资格筛选，又加强学前教育专业学生的毕业资格认定。从培养入口看，为了确保学前教育师资职前培养的质量水平，目前发达国家普遍十分重视学前教育专业的生源质量。比如，学生要想修读学前教育专业，必先经过深思熟虑并最终决定从事学前教育专业工作，否则很难被该专业录取。从培养出口看，国外把关更是严格。比如，美国幼儿教育协会 2009 年制定的《幼儿教育专业准备标准》，为学前教育从业人员设计了三种职前标准：初级许可证标准（本科水平）、高级许可证标准（硕士研究生或博士研究生水平）、副学士学位标准（专科水平）。这三种职前标准均包含了幼教职业候选人在知识与能力方面的核心标准以及不同层次的附加标准，并根据不同的实践表现分成了优秀、熟练、发展、基础四种水平。此外，美国幼儿教育协会规定，具有学士学位的非师范类学科人士要想从事学前教育专业工作，必须再修 30 个学分的教育理论和基础课，然后参加教学实习，审核合格后才可获得教学证书。又如法国，为提高学前教育师资水平，在 1989 年颁布的《教育发展方向指导法》中，把幼儿教师的选拔及培养与中学和小学教师的选拔及培养纳入统一轨道。

第三节　学前教育专业人才培养模式展望

一、培养目标展望

（一）确定科学的培养目标

不同地区、不同学校在培养目标会存在差异，但总体来说，可以确定为：培养热爱教育事业，具有良好的职业道德、合作能力、创新精神和科学文化素养，熟知幼儿身心发展特点，掌握学前教育规律，具备学前教育教学和课程开发的能力，能较好地从事各类学前教育机构的教育与管理工作，一专多能高素质学前教育师资。

所谓"一专多能"是指使学生通过学习既能立足学前教育专业，具备一项专长，又具有弹、唱、跳、画、说、演等多种技能以及综合能力、可持续发展能力、终身学习能力。具体要求学前教育专业人才应获得以下知识和能力：

①系统地掌握学前教育专业的基础知识、基本理论和基本技能，了解学前教育专业的新教育方法、新成就，具有从事教育教学工作的能力，并具有一定的管理能力，具有在社会各机构从事幼儿和少年儿童教育及各项活动组织的指导能力。

②掌握先进的教育思想和教育理论，掌握教育的普遍规律；利用现代教学手段顺利进行教育教学的能力。

③掌握计算机基本知识，能够较熟练地运用并能运用到幼儿教育的相关活动中。

④具有较好的文化、心理素质，会讲普通话，并达到国家二级甲等以上的标准。

（二）确定人才培养规格

笔者认为应从知识、能力、素质三方面设计人才培养规格，并支撑和呼应专业培养目标（具体可参考图 3-1）。

1. 知识目标

具有较全面的科学文化素养，掌握较为系统和全面的学前儿童身心发展和教育的基本理论和基本知识，掌握学前儿童教育规律，具有正确的儿童观和教育观。

2. 能力目标

具有从事学前教育工作必备的教育技能，具有较强的开展各种学前保教活动的能力以及初步的学前教育研究兴趣和能力。

3. 素质目标

具有良好的思想和职业道德，科学的世界观、人生观、价值观，热爱学前教育事业，关爱儿童，诚信、敬业、知法、守法，具有较强的责任感和良好的行为习惯，并具备良好的与人沟通、协作能力，社会适应能力及创新精神。

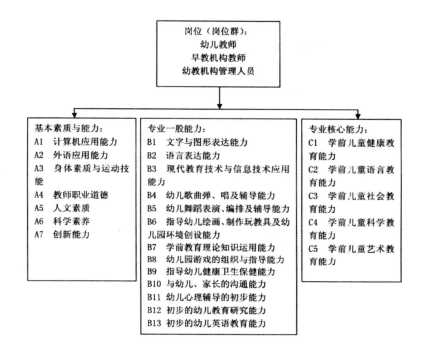

图 3-1 人才培养规格

二、学前教育专业教学方式展望

（一）增加实践课程

实践课程是提高学生实践能力的重要手段，在学生掌握了一定专业知识、技能基础上，为其提供直接接触幼儿园真实工作环境的机会，从而实现与未来岗位的零距离对接。

1. 扩大校外实习实训基地

为了给学生创造良好的见习、实习环境，学院应不断加强实习实训基地建设，建立以高校所在地区为中心，辐射省内校外的实习实训基地，从而为学生提供更多的实践场所与实践机会。

2. 丰富教育实习内容与形式

将幼儿园教学实习、班级管理实习等不同实习重点结合起来，使各种实习内容相互补充，提高学生的教育教学能力；将集中实习、分散实习结合起来，使各种类型的幼儿园实习相互补充，以缩短学生的就业适应期。

3.加强顶岗实习与管理

顶岗实习是专业教育的重要组成部分，是理论联系实际的重要的实践课程，它对于学生了解幼儿的学习与心理、验证理论知识与教育设想、培养教育教学实际能力和教育科研的初步能力等均有重要的作用，是培养合格幼儿教师及其他教育工作者的重要途径。当然，为了提高实习的质量，应加强顶岗实习管理，完善顶岗实习体系，具体做法如下：

（1）丰富实习内容

顶岗实习中，要求学生了解幼儿园教师的全面工作，掌握全面独立带班的方法，学会编写带班教育工作计划、教案、教育记录。

（2）强化实习指导

第一，使指导教师明确其职责；第二，制定详细实习生守则以规范学生行为。

（3）规范实习过程

毕业实习工作分三个阶段进行：

第一阶段（1周）了解幼儿园教师的全面工作；

第二阶段（6周）学习全面独立带班；

第三阶段（3周）编写教育实习总结（1份）、整理案例（1份）、个案观察记录（1份）、教育笔记（1份）。

（4）加强实习监控

建立由系领导、教研室主任、系办有关教师、专业教师、班主任组成的领导小组，对整个实习过程进行监控。

（5）完善实习评价

制定完善的实习成绩评定标准，对学生进行较为客观的评价；并且，明确毕业实习成绩的评定方法，以规范评价过程。

（二）采用灵活多样的教学方法

1.采用以学生为主体的灵活教学方法

教学中，学前教育专业围绕职业技能的培养，由传统的以教师、课本为中心，以课堂教学为主线的单一教学方法，转变为以学生为主体，注重学生"做中学、学中做，学练并重，教学统一"的灵活教学方式，激发学生的兴趣，调其积极性。例如，在《学前美术》课程的教学中，教师展示作品，运用讨论法、谈话法等引导学生观察作品形态，提高学生学习的积极性；进而通过仿真模拟演练法、情景教学法、案例分析法等讲解具体创作方法，使抽象的理论形象化、具体化，并让学生通过自己动手绘画或制作加深对理论知识的理解。

2.采用多媒体等多样的教学手段

多媒体具有直观性、生动性、动态性、交互性、可重复性、针对性等特点，学前教育专业鼓励教师采用多媒体技术等现代化教学手段进行教学，采用图文并茂、有声有色的教学方法，从多角度调动学生的学习兴趣、主动性与积极性，有效地突破教学难点，受到学生们的广泛好评。

此外，学前教育专业还指导学生利用网络资源进行学习。例如，精品课程网站的开通，促进了师生之间的及时沟通与交流；校园网、"清华同方数据库"和"万方数据资源系统"等信息资源为学生提供了便利；学生还可通过邮件、微信等渠道向教师求教。

（三）注重校企合作，推进产学研结合

1.创建订单式人才培养模式

这一模式更加适用于高职类的院校，即院校与幼儿园签订一些人才培养合作协议，为幼儿园提供所需要的人才。因为幼儿园需要体智能教师、才艺教师、美语教师等课程的教师，学前教育专业又具备培养这些人才的能力，所以双方可以实现无缝对接。而为了更好地落实这一模式，需要院校和幼儿园注意如下几点：

①专业人才培养方案、教学目标、教学大纲等的制定以及课程的设置、教材的开发可以由院校与幼儿园合作完成。

②人才培养过程中，幼儿园提供全程开发的实习场所，教师可以根据课程教学需要每周带学生进入幼儿园进行教育观察、技能实践，实现理论—实践—理论的有效地开放式循环学习。

③幼儿园可以为学院学生提供勤工助学的机会，让他们在学期中就可以真切体验未来工作岗位的工作全过程，尽快进入角色。

2.建设校外实训基地

院校应建设一些实训基地，这些基地可长期接受学生实习、实训，为学生实践动手能力和专业技能应用能力的培养提供条件，使学生亲历幼儿园的教学组织管理情况，参与幼儿园教学工作，提高专业能力和技能，养成良好的职业道德。

3.校企人员互兼互聘

学院积极与实训基地（幼儿园）人员互兼互聘。比如，学院学前专业聘请有大量丰富实践经验的幼儿园教师为学生开设实践指导讲座并指导学生的教育实践，同时学院学前专业的教师也深入幼儿园，为幼儿园教育科研提供理论指导与帮助。

三、学前教育专业管理与评估体系展望

（一）加强对教师教学过程的质量监控

教师素质的高低直接影响教学质量的优劣，所以学院应通过建立行之有效的质量保障体系，完善相应制度，以提升教师素质。

1.目标体系

（1）人才培养目标系统

其主要监控点为人才培养目标定位、人才培养模式、人才培养方案、学科专业建设和发展方向等。

（2）人才培养过程系统

其主要监控点为教学大纲的制定和实施、教材的选用、师资的配备、课堂教学质量、实践性环节教学质量、教学内容和手段的改革、考核方式和试卷质量等。

2.组织体系

由院、系、室构成三级监控组织，根据管理的职能，在不同层面上实施质量监控。教研室根据学院教学质量管理的目标和教学计划要求，对所属课程的各个教学环节进行组织管理，包括编写教材讲义、审批教案、组织教师学习、开展教研活动、进行教学改革、交流教学经验、检查授课质量、反馈教学质量信息、督促检查执行教学规章制度、对学生的学习活动进行辅导及管理等。

3.方法体系

（1）教学信息监控

通过日常的教学秩序检查，期初、期中和期末教学检查，系教学信息反馈和学生教学信息反馈等常规教学信息收集渠道，及时了解和掌握教学中的动态问题。

（2）教学督导监控

成立系教学督导小组，对所有教学活动、各个教学环节、各种教学管理制度、教学改革方案等进行经常性的随机督导和反馈。

（3）专项评估监控

通过校内新建专业评估、精品课程评估、教材评估、实验室评估、试卷评估等，借助目标监控辅助过程监控，利用评估的诊断功能，促进有关方面提高工作质量。

（二）多元开放的评估体系

1.以院校自我评价为基础

院校的自我评价可以从如下三个方面展开。

（1）听课制

学院领导、督导组、系领导和同行相结合的听课制。开展"听课周"活动，充分发挥督导小组对教学的监控和指导作用，突出教学的中心地位。

（2）学生评教制

每学期通过问卷调查的形式，由学生作为课程教学评估的主体，对教师的教学质量进行评估。

（3）学生信息员制

由学生组成，反馈各类教学信息；教务处及其他教学管理部门做好各类教学信息收集和整理工作；参加由系、教务处召开的学生教学信息员会议，汇报搜集到的教学信息，进一步对各系和学校的教学管理工作提出意见和建议并及时向本班学生传达有关教学问题的处理结果。

2. 以用人单位等社会评价为主体

社会评价主要体现的是社会对学校人才培养质量的认可，主要表现在院校的出口和入口，即招生与就业工作，招生、教学、就业是办学的三个主要环节。建立社会评价机制，是社会经济体制及教育自身改革和深入发展的必然要求。在高校教育的评价中，社会对高校学前教育专业培养的毕业生的满意程度在很大程度上就能说明其教育的质量。

（1）用人单位评价

这是一种针对高校教育办学质量的直接评价，毕业生的质量很大程度上反映了高校教育的办学质量。高校的学前教育专业应每年由专业带头人及教研室成员对毕业生的就业质量以及社会的需求进行调研，以问卷、座谈会和电话可访形式对省内各地市用人单位（幼儿园）进行调查，了解学前教育专业毕业生上岗之后，在理论水平、操作技能、职业素质、职业道德等方面的表现，学前教育专业在分析总结的基础上，形成每年的人才质量和人才需求调研报告。这样的调研一方面可以使幼教机构及时地将自己对人才的要求反映给高校，让自己在人才引进方面将自己最真切的需求得到更加直观的体现；另一方面，学校能够了解当前幼教机构对人才的需求，及时调整培养方案。

（2）行业评价

行业评价主要是基于行业对职业资格和标准的控制和掌握，在学校的组织下，让学生参加职业资格的认证，以高校学生取得相关行业的资格证书的情况从侧面反映出院校教育的办学水平。比如，除了每年组织学前教育专业的学生参加计算机等级考试、普通话等级考试、英语等级考试、教师资格证书考试、保育员资格证书考试、育婴师资格证书考试外，对于学有余力的学生还可以鼓励参加营养师资格考试、心理咨询师资格考试等，以学生取得证书的比例来评价学前教育专业的教学质量。

四、其他方面的展望

（一）多方面提升学生的职业素质教育

1.加强学生思想政治教育

在理论教学和实践教学过程中，应注重职业道德和创新精神的培养，并密切关注学生的心理健康问题。除开设必要的思想道德修养、思想概论等课程外，还可以开展系列主题教育活动，如读书、征文、演讲、讲座、板报及"班班有歌声"革命歌曲合唱大赛等，以多种形式和途径，找准切入口，使学生树立热爱家乡、热爱祖国的信念，对学生进行道德教育及感恩教育。

2.关注学生心理健康发展

各高校可以设立"心理健康教育辅导中心"，在每一学年，学院心理咨询中心对新入学的大学生进行心理健康普查与建档工作，辅导员再按心理咨询中心提供的名单，按照问题的种类和程度进行分类，然后采取不同的方式对这些学生进行观察和心理干预。学院心理咨询中心通过举办心理健康知识讲座、开办宣传栏进行心理健康教育宣传，并对学生管理实施"三级"管理模式：第一级管理为宿舍管理，由宿舍长担任宿舍心理管理员，及时了解宿舍同学的心理状况，并上报班级心理联络员。第二级管理为班级管理，由班级心理联络员负责对全班同学的心理状况进行观察并及时向辅导员汇报。第三级管理为辅导员管理，同时配有一名学生为全系学生心理状况汇总人，协助辅导员筛选、甄别有心理状况的学生。最后上报院心理咨询中心。

3.注重人文、社会科学和自然科学素质教育

为了培养学生的创新精神和人文素质，提升学生的文化素养，可以在学前教育专业人才培养计划中增加道德修养、艺术等多种文化素质教育公共选修课，努力提高学生的文化素质，学生可按规定进行选修。同时，每学期邀请有关专家、学者开展一系列人文、社会科学和自然科学讲座，以拓展学生专业知识面，同时增强学生的事业心与责任感。

（二）完善教学大纲

为了保证人才培养质量，院校应该制定相关规范，并针对课程需要，完善课程教学大纲。各教学大纲中要体现多层次的教学要求、能力培养要求，部分实践性较强的课程还应该提出能力培养的基本技能训练项目，同时提出具体的考核标准和考核方法。另外，课程教学大纲及实训大纲的制定，还要充分考虑

对本专业人员的素质要求、能力要求及知识要求的培养，并能根据职业资格证考试大纲制定相关课程的教学大纲及实训大纲，将职业资格标准融入课程标准中，培养能满足服务和管理第一线工作需求的高素质实践型人才。

第四章 我国学前教育专业产教融合的发展

第一节 学前教育专业产教融合的必要性

一、高校方面的需求

（一）提高教育质量的现实需求

接受高等学校提供教育的需求主体包含社会主体和个人主体。社会对高等教育的需求主要是通过合格的人才来体现的，社会向前发展依托于人才，社会竞争归根到底是人才的竞争，而个人为实现自身追求，提升自身素质又需要接受高质量的教育。

现代社会的迅速发展对人才素质提出了更高要求，包括对幼儿教师同样提出了更高的要求。而教育，特别是高等教育是国家人才培养的重要力量，所以由社会发展带来的对人才素质的需求实则就是社会发展对高等教育质量提出的要求。虽然近年来高等教育规模扩张增加了更多教育机会，但同时也伴随着教育质量下降的可能性。若高等学校培养的人才技能比较基础，势必影响到社会的发展，而为了满足科技发展的需求，将学生培养成适应社会发展的优秀人才，就要紧密结合企业的用人要求、明确对人才的需求，实施产教融合，通过将企业引入人才培养中，提升高等学校人才培养质量，促进社会发展。

当代经济的发展极大地丰富了人们的生活，生产方式高度机械化，教育带来的效用逐渐增加，除了带来经济效益外还能带来非经济效益，所以个人对高等教育的需求越来越普遍。不管是个人的职业发展愿景还是家庭或个人为获得的精神、物质需要，都要求丰富的知识和足够好的发展预期，都会产生接受高等教育的需求。加之，知识更新速度加快，强调创新和智力资源的开发，高等教育个人需求主体的预期目标是接受高等教育服务获得消费者剩余，主要体现在获得个人社会地位、求职方面。而高等学校的人才培养模式达不到培养目标或社会用人标准，学生没有通过接受教育获得应有的技能，无法得到社会认可，进而影响学生接受高等教育，从而影响学生发展预期的实现。为了满足学生的需求，将其培养成适应社会发展的人才，必须紧密结合企业对人才的需求，实施产教融合。

（二）提高资源配置效率的需求

提升高等学校资源配置有两方面的含义：一种是提升教育资源的配置效率，提供更多的教育机会；一种是提升人力产出资源的配置效率。

提升教育资源利用率源于社会资源的稀缺性，政府能够为高等学校提供的资源有限，学校能利用的其他资源的途径较少，且只限于教育自身的内部资源。此外，高等教育供给量受制于学校教师的水平和数量，若师资充足可增加供给，但是由于师资培养周期较长，短期内提升不太现实。因此，要提升高等学校的供给规模，就要挖掘潜在教育资源，吸引企业参与，将企业的资源和熟练的技能人才引入人才培养中，通过产教融合，扩大教育供给的数量和提升教育供给的质量，在微观上实现教学活动与生产活动的融合。

提升教育产出的人力资源效率就是要实现劳动力供需平衡，实现高等学校的人才供给结构与劳动力需求结构相互适应。高等学校培养的学生作为一种潜在市场劳动力资源，将会在社会经济发展中发挥重要作用，但目前大学毕业生的就业处于总供给上升而总需求疲软的状态，且学生的综合技能与用人单位不相适应，造成一定程度的人力资源浪费。究其根源主要在于学校的人才培养模式存在问题，高等学校没有承担起为地区经济发展培养人才的责任。提升人力资源配置效率就是要求学校培养的人才为社会经济发展提供驱动力，就是要学校能够结合市场所需培养社会发展所需的人才，通过与企业合作，能够充分运用双方优势，发挥双方合力，实现培养的毕业生适应社会需求结构，通过产教融合，宏观上实现教育和产业的融合。

（三）促进学生就业的需求

为实现学生顺利就业，提供教育教学是高校教育中的一个重要任务。要有效地促进学生就业，除了进行以就业为导向的教学改革、千方百计去帮助学生找到工作岗位之外，还必须帮助学生在学校期间就能够为就业做好准备。

近些年来，一些高校实行产教融合的做法和经验表明，如果能够安排在校学生有一定的时间到企业去顶岗实习，对他们的将来就业会有极大的帮助。

第一，实行工学结合、校企合作，能够帮助高校的学生获得实际的工作经验，使他们在毕业时能够较顺利地被用人单位录用。现在，企业等用人单位在录用新员工时，都希望并要求求职者在特定的岗位上具有一定的工作经历，有的将是否具备实际工作经历作为是否录用的重要标准。现实中，不少高校的应届毕业生因为没有用人单位所要求的工作经历而失去工作机会。高校实行产教融合，学校安排在校学生到企业进行半年或更长时间的顶岗实习，让他们以学徒身份从事特定的岗位工作，按照企业实际的生产和服务要求，"真刀真枪"地参加工作实践，实际上也就是让学生具备用人单位在录用新员工时所需要的工作经历。

第二，实行产教融合，能够有效地提高学生的实际工作能力，使毕业生快速实现由学生向职工的角色转换。高校和企业等单位通过开展产教融合，安排学生进行工学交替，就能够让学生在学习和工作的有效结合中更好地熟悉工作情况，掌握工作技能，了解各个环节的要求，获得适应工作实际、服务环境和解决实际问题的能力，同时提高道德修养，形成综合职业素养，得到全面发展，为他们将来参加实际工作打下坚实的基础。

第三，实行产教融合，能够及时地帮助学生掌握就业信息，实现学生就业和企业用工的顺利对接。目前，毕业生不能及时地获得必要、有效的用人信息，这在一定程度上导致应届毕业生在付出了很大的精力、时间和机会成本之后，还不能找到适合自己的工作岗位。实行产教融合，能够增加学生接触企业等用人单位的机会，使他们在实际生产和服务过程中，既能够熟悉企业对人才素质的要求，又能了解企业聘用新员工的意向，直接或间接地获得有用的就业信息，并有助于部分毕业生留在他们顶岗实习的岗位上直接就业。

二、企业方面的需求

产教融合的实施，使企业作为主体参与人才培养，对人才培养发挥重要作用。企业对产教融合的需求主要基于以下两个方面。

（一）人力资源的需求

企业对人力资源的需求，一方面是选用与企业岗位有较高匹配度的人员降低企业运营成本。产教融合过程中的两大主体即为高校和产业中的企业。高校学前教育专业培养出的人才既有面向大企业的，也有面向中小型企业的，对于中小型企业来说，其具有经济规模小、内部组织结构呈现多元化、职能部门设置少的特点。企业的运营与发展要有很多的资源作为保障，其中很重要的一类资源即人力资源，充足且高质量的人力资源是企业发展的核心要素之一。聘用与企业匹配度较高的人才不但可以确保企业经营活动的运行，而且可以为企业创造更多的价值。但聘用与岗位匹配度较低的人才则增加了企业的成本。企业经营的一个目的是盈利，降低运营成本是企业所希望的，这对于一些刚起步的中小型企业尤为重要。但人才的招聘、培训等都需要企业投入一定量的资金。

对中小型企业来说，降低企业人力资源配置中的成本对促进企业发展有重要意义。尤其是一些规模较小的初创型企业，他们没有非常完善的选人用人制度，这样造成企业选聘人员时出现偏差，从而增加了企业的用人成本。所以，在产教深度融合的过程中企业希望与高校进行深度合作，借此可以选用到与岗位具有较高匹配度的人才，使之提前适应岗位，进而降低企业的运营成本。

另一方面，企业对于人力资源培训的需求。一是培训新员工的需要。企业招聘录用的新员工对于企业文化、工作岗位的要求或一些基本的技能等，并不一定掌握和理解，而且新员工的知识能力与岗位的实际需求之间可能还存在着一定的差距。因此，需要企业对员工进行培训，使其快速适应工作，融入企业。二是在职人员的培训需要。随着企业的发展以及企业外部环境的变化、新技术的出现等，员工需要与企业共同成长，因而需要对在职员工进行培训。同时，对于企业员工的培训可以提高员工的能力与水平，进而提高企业自身的竞争力。然而，比起企业在专业领域方面的专业性，培训方面相对缺少专业性，甚至一些中小型企业内部也并没有专门的培训部门可以为企业内部员工进行培训。基于以上分析，企业对于人力资源培训有很大的需求。通过产教融合，学校可以利用教育资源帮助企业进行员工培训，满足企业的需求。

（二）企业发展的需求

产教融合的背景下，企业希望通过与高校建立深层的合作，来促进企业的发展。

第一，利用学校教育资源、技术创新方面的优势为企业提供技术、管理等的支持。促进企业发展的一项关键要素是技术，先进的技术水平促进企业快速发展，技术并不只局限于生产技术，还包括了企业经营过程中的一些管理问题。

第二，提高企业知名度，树立良好企业形象的需求。良好的企业形象对企业的发展起到很大的促进作用。企业与高校深入融合，学生是行业未来的领航者和主力军，通过对学生的培养以及让学生参与企业的经营管理过程，让未来行业的主力军了解并认同企业，拓宽了企业宣传的渠道。

第三，获得政策性优惠的需要。企业是以通过经营获得经济利益的组织，经济利益是企业发展所关注的。降低企业的运营成本是企业获取利润的一种方式，通过校企合作可以使企业获得政府的政策性优惠，如减免税收、贴息等，以及与学校共同开展的生产性合作中获得经济利益。

第四，建立学习型企业的需要。企业生存要谋求发展，经济快速发展，同时带来现代技术的不断创新，作为企业要跟上时代的发展。企业的发展离不开新理念、新方法的不断吸收学习。这需要企业具有不断学习的能力，建立学习型的企业成为企业发展的需要之一。通过学习型企业的构建，在与学校深入合作的过程中带动企业员工主动学习。

三、政策的支持

随着经济体制的改革发展，高校管理制度和模式与制度保障的改革提上了议事日程，1993年《中国教育改革和发展纲要》颁布，并且明确提出，"要使高校真正成为面向社会自主办学的法人实体"，标志着高教政策由国家本位向市场本位的演进。1998年《中华人民共和国高等教育法》颁布，标志着市场本位政策的正式确立，高等教育的管理权限从中央向地方转移，高校自主办学权力逐渐扩大，由此也意味着高等教育体系的内部环境发生了深刻变化，学校与政府、行业、企业的关系也发生了深刻变化：市场治理模式确立，政府的教育职能相应缩小，对高等教育的投入逐渐减少。

2006年，按照《国务院关于大力发展职业教育的决定》的重要部署，为在全国高等职业院校中树立改革示范和发展示范，引领高等职业教育与经济社会发展紧密结合，提高高等职业教育产教融合的水平与办学效益，助推高等职业教育健康发展，国务院决定实施国家示范性高等职业院校建设计划，旨在整合资源、深化改革、创新机制的基础上，按照地方为主、中央引导、突出重点、协调发展的原则，同时兼顾地区、产业、办学类型等因素，选择学校定位准确、办学条件好、社会声誉高、产学结合紧密、改革成绩突出、制度环境好、辐射能力强的100所高等职业院校，优先进行重点支持，并完善相关政策，促进工学结合的重点学科发展，以点带面，引领全国高等职业院校凝聚教学改革的共识。通过项目的实施，一批高等职业院校在创新人才培养模式、专兼结合课程小组建设、服务社会、服务地方、服务企业和办学特色等方面取得明显成效，加快了高职教育的改革步伐，提高了高等职业院校的办学实力、教学产教融合的水平、管理水平和办学效益；一批重点专业脱颖而出，建成了对接各地重点产业的专业人才培养方案，有效带动了省级示范、行业示范等一大批高等职业院校，一批专业特点突出的优秀高等职业院校群体脱颖而出，它们聚焦国家和区域发展战略，围绕实体经济建设，在助推战略性新兴产业、先进制造业健康发展，加快传统产业转型升级等方面，提供了重要的技术技能人才支撑，发挥了不可替代的作用，引领高等职业教育走出了一条不同于普通大学的类型之路，高等职业院校显示出空前的活力和勃勃生机。

联合国教科文组织产学合作教席主持人查建中教授称赞国家示范高等职业

院校建设项目成就了高职教育的改革优势，用六个标志来描述示范高等职业院校建设项目所具有的典型示范意义，这就是逐步成熟的面向职场模式、正在深化的产学合作关系、"双师"课程小组的理念和机制、紧跟市场的观念和体制、对职场中层人才需求的了解和把握、服务行业企业的意识等。

2015 年，教育部发布《高等职业教育创新发展行动计划（2015—2018 年）》，启动优质高等职业院校建设。这是高职战线深入总结"十二五"发展经验，面向"十三五"布局改革任务，引导和助推高等职业院校制定和执行好"十三五"规划的重要行动指南。我国《国民经济和社会发展第十三个五年规划纲要》把"推进职业教育产教融合"作为推进教育现代化的重要任务，要求推行产教融合、校企合作的人才培养模式，助推专业设置、课程内容、教学方式与实践知识的传授对接，体现了国家想法和意愿的引导和机制安排，只有"发展与技术进步和生产方式变革以及社会公共服务相适应、产教深度融合的现代职业教育，才能为社会输送适合产业发展的高素质人力资源，才能为国家和社会源源不断地创造人才红利"。优质院校建设将"办学定位准确、专业特色鲜明、社会服务能力强、综合办学水平领先、与地方经济社会发展需要契合度高、行业优势突出"作为前提要求，并将"深化教育教学改革、提升技术创新服务能力、培养杰出技术技能人才，增强专业教师和毕业生在行业企业的影响力，提升学校对产业发展的贡献度，争创国际先进水平"作为主要建设任务，体现了优质院校建设对产教融合的高水平学科发展提出的新要求。

2019 年，国家发展改革委、教育部等 6 个部门印发《国家产教融合建设试点实施方案》（以下简称《实施方案》）提出，通过 5 年左右的努力，试点布局建设 50 个左右产教融合型城市，在试点城市及其所在省域内打造一批区域特色鲜明的产教融合型行业，在全国建设培育 1 万家以上的产教融合型企业，建立产教融合型企业制度和组合式激励政策体系。《实施方案》明确提出在全国统筹开展产教融合型城市、行业、企业建设试点，并通过试点，在产教融合制度和模式创新上为全国提供可复制借鉴的经验。国家发展改革委有关负责人表示，统筹产教融合型城市、行业、企业等 3 类试点对象，就是要发挥城市承载、行业聚合、企业主体作用，建立以城市为节点、行业为支点、企业为重点的改革新路径新机制。

学前教育专业作为高校教育中的组成部分，在国家政策大力支持产教融合的背景下，自然也要结合自身教学的特点，积极采用产教融合的人才培养模式，从而为幼儿教育输送更多优质的准幼儿教师。

四、大学与社会关系的不可分割性

（一）大学主动适应社会

高等教育"适应论"是主张大学或高等教育主动适应社会发展的代表理论。国内"适应论"的代表性观点是潘懋元先生基于系统论和对规律的认识提出的"两个规律论"。按照系统科学的观点，社会是一个大系统，在这个大系统中，有经济、政治、文化、教育等子系统。教育作为一个子系统，与整个社会大系统及其子系统之间存在内在的相互作用的必然联系；同时，教育作为一个特殊的社会子系统，其内部涉及教育目的、教育功能、人的发展、教学、学校管理等多维的基本矛盾与关系。而且，教育系统的内部和外部是相互关联的。从对规律的认识看，规律其实是事物内在的及其与另一事物之间的必然联系。列宁在其《哲学笔记》中指出："规律就是关系，本质的内部关系及本质与本质之间的关系。"[①] 据此，潘先生提出了教育的（外部关系和内部关系）两条基本规律：教育的外部关系规律是指教育与经济、政治、文化等社会子系统的关系，即教育必须与社会发展相适应。"适应"一方面指教育要受一定社会的经济、政治、科学文化所制约，另一方面指教育必须为一定社会的经济、政治、科学文化服务。教育的内部规律是，社会主义教育必须培养全面发展的人，或者说，社会主义教育必须通过德育、智育、体育培养全面发展的人。教育的外部规律与内部规律是相统一的，教育内部规律要受教育外部规律所制约，教育外部规律要通过内部规律来实现。[②]

英国学者阿什比借用生物学的"遗传—变异"概念指明，任何类型的大学都是遗传和环境的产物。大学作为一个有机体，必须对社会的变化做出及时的反应，才能保持自身的存在和发展。大学必须设法在维持自身传统和适应外界环境变化之间保持平衡：既不在适应外在环境方面成为无定见的顺风倒，也不顽固保守而偏执不化。为取得这种平衡，大学必须主动进行改革并控制变革，避免招致外力强制下的变革。[③] 美国教育家博克在其著作《走出象牙塔》中指出，大学生走出象牙塔服务社会，是社会发展和大学自身发展无法回避和抗拒的必然趋势。现代大学既要保持大学的自治传统，维护大学的自由，坚守

① 杨德广. 高等教育"适应论"是历史的误区吗——与展立新、陈学飞商榷 [J]. 北京大学教育评论，2013，11（3）：135-148.

② 潘懋元、王伟廉. 高等教育学 [M]. 福州：福建教育出版社，2013：31-49.

③ 张斌贤. 外国高等教育名著研读 [M]. 北京：高等教育出版社，2010：178-184.

基本的学术原则，又要承担学术研究的社会责任，并对社会问题做出恰当的反应。①

（二）大学融入社会

与大学适应社会更进一步的观点是，大学要融入社会。现代社会的分工与合作日益深化，终身教育理念和学习型社会正更多地从理念转变为事实，教育与社会的关系也愈发紧密，传统的政治、经济、文化系统和教育系统之间的边界早已被打破，教育和社会各子系统之间形成了一种"你中有我、我中有你"的状况。在这样的背景下，大学与其去寻求适应、超越或批判社会，毋宁去主动融入社会，灵活自由而又自然地为社会的运转贡献自己的力量。

主张大学融入社会的观点，散见于克拉克·克尔等人的著作中。克尔基于现代社会对大学的冲击和大学对现代社会进步的作用，提出现代大学理想的存在形式是多元化巨型大学。大学的理念是随时代变化而变化的。现代社会对大学提出的各种新的要求，正渐渐改变着大学本身的性质和功能，使大学日益成为一个具有多重教育目的、多重教育职能、由多个社群构成的新型社会机构。多元化巨型大学的出现，是以纽曼为主要代言人的传统大学观，历经弗莱克斯纳的现代大学观，最终向多元化巨型大学观历史演变的结果。可以说，"现代大学不是牛津大学，也不是柏林大学，它是世界上一种新型的机构。作为新型机构，实际上它并不是私人的，也不是公立的；它既不完全属于世界，也不能与世隔绝。它是无与伦比的。"②如果纽曼理想中的古典大学是一座僧侣居住的村庄，弗莱克斯纳关于现代大学的理念是建设一座由知识分子垄断的城镇，那么多元化巨型大学则类似于一座丰富多彩的城市。在这座城市里，大学有若干个灵魂和目的，有多元的成员和社群，大学与社会的界限很模糊并同时面向社会的各个阶层，满足社会各界的多样化需求。

有学者指出，随着市场经济和知识经济的蔓延和深入，我国大学与社会的边界正日益模糊。市场经济改革以来，原来计划经济体制下传统的部门划分被打破，高等教育活动的界限越来越模糊，高等教育正在变成一个复杂的开放系统。在当代，人类进入学习化时代，终身教育成为教育发展的根本趋势，在此情境下，整个社会都变成了学习场域，进而也成为教育活动场域，高等教育已经弥散到各种社会活动场域中。而且，高等教育本质上是一个实践问题，大学和社会关系理论的构建和观念的改变，有必要重视实践的经验归纳。据此来

---

① 张斌贤.外国高等教育名著研读[M].北京：高等教育出版社，2010：213-222.

② ［美］克尔.大学的功用[M].南昌：江西教育出版社，1993：1.

看，大学和社会的关系，不仅是"适应"的问题，更是"融入"的问题，要让大学融合社会进而促进二者的双向繁荣。

无论是从"适应论"的观点去看，还是从"融入论"的理念去讲，高校与社会之间的关系已然密不可分，所以学前教育专业的产教融合也就显得非常有必要了。

第二节　政府在高校产教融合中的职能分析

一、政府、企业、高校三者的关系

（一）政府、企业、高校的"协调三角形"关系

美国教育学家、社会学家伯顿·克拉克在《高等教育新论》曾提出的由国家权力、学术权力和市场三要素构成的三角形已成为解释现代高等教育系统运作，特别是进行多国高等教育体制比较时所使用的经典模式，即"协调三角形"，三角形的每个角代表一种势力的极端和其他两种势力的最低限度，三角形内部的位置代表三个因素不同程度的结合。协调三角形中，政府、企业、高校在协调三角形中各自拥有不同程度的自由，它们对高等教育的参与程度成为评价一国高等教育发展模式的重要元素。从图 4-1 可见，政府处于协调三角形的顶部，足以说明政府在高等教育发展中的核心地位，企业和高校位于三角形的底部，企业和高校相互融合，共同促进，才能使政府公共服务职能有效发挥。在协调三角形中，三者之间均由双向箭头连接，说明三者之间相互影响、相互制约，只有三者共同发挥其职能作用，三角形才会稳定。高等教育发展正如协调三角形所示，需要政府、企业、高校合力推进，才能使高等教育快速发展。

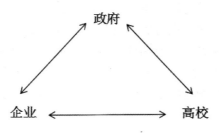

图 4-1　高等教育发展的协调三角形

（二）政府在高等教育发展中的作用

对于政府的主导作用，广大学者从不同的侧面有不同的认识。如王玲和柳连忠认为，"政府作用体现在教育立法、统筹规划、管理监督、信息服务、财政投入五个方面。"[①]"郎群秀、冯跃霞则认为，政府作用体现在立法与规划、经济支持、监督检查三个方面。"[②]高等教育利益相关者较多，政府在高等教育发展中还起着监督和调节各利益相关者之间矛盾的作用，在高等教育过程和结果公开透明的前提下，限制政府对职业教育过多的介入，督促高等教育机构独立思考和行动。本书认为政府在高等教育发展中的宏观作用体现在提升高等教育发展环境与优化教育资源配置两个方面。

（三）政府、企业、高校在产教融合中的角色及作用

产教融合的实质是政府通过行政手段，充分发挥"产"和"教"两大主体要素的各自优势，围绕人才培养，促进产业发展这个核心、实现资源（人、财、物）、信息、文化等方面的高度融合，培育出具有较强社会适应性的技术技能人才，为社会发展和产业升级服务的一种人才培养理念和人才培养模式。高校产教融合发展中政府、企业、高校所扮演的角色、具体作用可以通过表4-1进行说明。

表4-1　高校产教融合参与主体及作用一览表

参与主体	角色定位	作用简述
政府	服务者 监督者 引导者 评价者	国家政府的重要职责是将推动产教融合纳入顶层设计，从宏观上构建好产教融合的国家制度、国家体系、国家体制、国家政策。 地方政府发挥着加强统筹、分类指导，制定规划、营造制度环境、改善办学条件、加强管理和监督指导作用

[①]　王玲，柳连忠.职业教育的政府主导职能分析[J].职教论坛，2011（1）：43-46.
[②]　郎群秀，冯跃霞.职业教育发展中的政府职能[J].职教论坛，2010（28）：10-12.

续 表

参与主体	角色定位	作用简述
企业	行业课程标准制定者	行业是教育教学标准的最有权威的制定者。行业制定的标准，是实现"专业设置与产业需求对接、课程内容与职业标准对接、教学过程与生产过程对接、毕业证书与职业资格证书对接、教育与终身学习对接"的关键。行业制定教学标准，必然体现该行业所必需的职业资格标准、行业技术标准与行业工作标准，反映在人才培养上，则体现为岗位工作任务、岗位胜任能力的标准以及专业标准和课程标准。行业标准可以认为是一个以职业活动为导向、以职业技能为核心的体系，职业标准决定着学校"教什么"和"考什么"
高校	人才培养实施者	高校应认真遵照行业标准和企业的实际要求，设计基于岗位工作过程的课程结构和内容，建立起能真实反映产业发展、实际生产服务业务流程，能满足行业企业要求的课程体系

概而言之，地方政府在促进高校产教融合发展中主要扮演引导者、服务者、监督者和评价者的角色。地方政府引导高校与企业开展产教融合，提高高校人才培养质量；地方政府为高校和本地企业开展产教融合创造社会环境，搭建产教融合平台，提高政府公共服务的能力和水平；地方政府制定监督高校与企业开展产教融合的监督体系，保证高校与企业开展产教融合的质量；地方政府组织第三方评价机构，对高校与企业开展产教融合的成果正确评价，促进产教融合有效开展。

二、政府在高校产教融合中的具体作用

（一）加强行业指导

政府应重视行业指导能力建设，鼓励行业组织通过定期发布行业人才需求、推进校企合作、参与指导教育教学、开展质量评价等形式，助推高校产教融合发展。同时，重视发挥企业办学主体作用，支持行业和企业举办或参与举办高等教育（即民办高校）。对符合条件的企业，可在特定方面进行扶持，如

师资培训、实训基地建设等。其中，当前最为常用的扶持方式就是政府购买服务。从原则上看，这些企业与院校之间是相互对接的。在对接的过程中，完成教师实践岗位以及学生实习岗位的设立。在接受实习生的过程中，企业必然要付出一定的经济成本，对于此成本中的合理部分，可不予纳税，这是税收优惠政策的体现。支持企业通过校企合作共同培养培训人才，鼓励企业建设兼具生产与教学功能的公共实训基地，支持行业企业与院校之间共同建立实验实训平台、研究中心等。

（二）协调校企双方的利益

只有高校和企业双方在校企合作的过程中都能保障彼此的既定利益，才能更好地实现高校与企业双方共同发展，形成最大利益的组织形式。企业在校企合作的过程中一般提供大部分的物质资源和一定的技术支持，而高校则为企业提供需要培养的学生，在产教融合的过程中，企业需要根据高校学生的课程做出实习时间的安排，还需要根据学生对理论知识掌握程度的不同提供不同的技能学习，但企业既定的流程和周期也不一定能与高校的教学安排在时间上统一。更重要的是，对参与校企合作的学生的生产安全、工资报酬和统一管理等问题也是企业面临的重要挑战。以上问题，如若企业处理不当，都可能对产教融合的推动造成影响。因此，政府应根据外部的政治、经济和政策等信息，整合分析后提供给校企合作的参与者，指导高校教育的改革和发展，保障双方的利益。比如，政府相关部门可以成立相应的中介服务机构，建立对校企合作进行协调的机构，对校企合作进行统一的领导和战略管理，制定高等教育的具体培养框架，支持引导高校与企业的高效互动，协调高校和企业的利益关系，为校企合理互动关系的构建提供充分的支持。

（三）监督和引导产教融合的过程

在推进产教融合的过程中，高校和企业可通过契约的形式确定彼此的权利和义务，这是保障校企合作顺利进行的有效措施。但契约关系的运行过程需要政府相关公共部门进行监督引导。目前，多数地方在保证高校与企业合作顺利进行的法律法规不健全。因此，政府相关部门应认识到法律法规空白所造成的不良后果，对校企合作开展的实际情况组织相关调查，以此作为基础来研究当前校企合作中所遇到的不利因素，并形成有效且可行性高的解决方案

长期以来，很多高校较倾向于使用单一的理论知识学习的教学模式，造成与企业合作的不适应；而部分企业则缺乏远瞻性的规划，对培养人才时间周期较长、物质投入相对较大的产教融合项目有一定的抗拒。这时也需要发挥政府对产教融合的监督和引导作用，使高校与企业双方顺利实现人才的联合培养，

推动高校与企业双方共同承担相应的社会责任和义务，更好地促进双方利益的达成。只有通过政府对产教融合成果的验收和评估，才能更好地促进支柱性的重要行业积极主动投入与高等教育的合作中去，有利于推进高等教育的发展。政府可根据实际的内外部情况，发挥主动的战略管理作用，构建校企合作的创新平台，使校企双方共同进行研究，最大限度实现资源的利用。

三、国外政府推进高校产教融合的成功经验

不同的国家，有不同的政治环境、经济环境和文化环境，各国的教育理念都是不一样的，在处理高校与企业合作的关系方面也会有不同的方式。因此，无论是发达国家还是发展中国家，它们的产教融合都会有自己独特的模式和特色。当然，综合来看，国外产教融合模式多应用于职业院校，政府的相应的政策也针对的是职业院校，虽然相较于国内的高校有一定的差别，但同样具有一定的借鉴意义。

（一）德国政府推进高职院校产教融合的成功经验

1. 德国高职产教融合育人的主体

德国的职业教育从初级到中级再到高级，都有成熟的运作方式。在德国，具有高职教育功能的主要是两种院校：一是高等专科学校；二是技术大学和技术学院等。在德国，最受欢迎的是高等专科学校，因为这种学校培养出来的学生具有职场实战经验，几乎可以拿来即用，它们的毕业生选择就业的机会比较多，企业用人单位都会主动前来招揽英才。除此以外，在德国还有一种职业学院，尽管其也可以实现高等职业教育的功能，但它和前面两种院校有所区别，因为它的招生对象是中学的毕业生，生源的起点比上面两种院校生源的起点要低。职业学院在培养这些学生的时候，会有针对性地分阶段进行理论和实践的训练，最终使他们在毕业的时候可以达到和高职院校毕业生相当的水平。无论是高等专科学校还是职业学院，它们在培养学生的过程中，企业几乎全程参与，校企合作无处不在，这就形成了德国职业教育特色明显的"双元制"模式。

2. 德国高职产教融合的组织

德国对高职产教融合的组织和管理有一套严谨的体系，设置了不同功能的管理机构来保障校企合作的顺利实施。这些机构可以分为三种类型：第一种是由一些来自行业协会或者职业协会的代表所组成的"主管单位"及职业教育委员会，他们的职能是督查和考核校企合作的开展。第二种则是"联邦职业教育研究所"，研究所里面设置一个总书记和一个总委员会，总委员会下面还可以

设立各种分委员会，分委员会为总委员会解决业务上的各种问题。与此同时，总委员会下还会有一个常务委员会，这个常委属于各个州，它的委员由来自各方的代表组成。主要任务是协调训练章程与学院教学大纲、教学计划之间的关系。第三种是联邦政府下属的机构"联邦劳动局"，联邦劳动局有三个级别，从总部到州再到地方都有相应的机构，联邦劳动局可以协调用人单位和学院之间开展校企合作发生的各种关系。

3.德国政府为产教融合提供多方位保障

（1）监督保障

在德国，对产教融合的开展具有保障作用的除了政府外，还有政府授权的行业协会，它们共同对产教融合进行多方面的指导、组织、协调、监督、评价和考核。德国职业教育校企合作的主管单位有政府部门和各种行业协会，行业协会在本行业内具有一定的权威，可以保护会员的利益，同时也规范会员的各种行为，行业协会会根据行业的需求提出对学生职业能力的要求。德国政府为了对参与产教融合的企业和学校都可以进行有效的监控，还建立了产业合作委员会。此外，参与产教融合的企业和学校都会各自建立专门的校企合作管理机构，来保证校企合作的正常实施。立法监督、司法监督、行政监督、社会监督贯穿在德国高职产教融合的每一个环节里，这是一个严谨的监督系统，这就从根本上为德国高职产教融合的可持续稳定发展提供了最可靠的保障。

（2）经费保障

德国政府非常重视国民的职业技能素质培养，他们认为这是一项影响国家长远发展的战略任务，把高职院校需要发展使用的一切资金都纳入各州政府的财政预算里。对于德国的企业来说，它们也愿意为学生在企业实践学习而产生的费用买单，因为每投资一个优秀的学生，他就拥有了一份可以为企业生存发展做出贡献的人力资源。德国有明确的法律条文做出规定：GDP 的 1.1%、工资总收入的 2.5% 用于职业教育，同时也有法律规定了相关政府要为员工职业技能的继续教育提供帮助，包括解决他们在职学习过程中的工资等问题。

（3）政策保障

德国政府提高企业开展产教融合的门槛，设置了各种各样的条件，只有符合条件的企业才可以参与产教融合与学校共同培养学生，从而在一定程度上提高了高职产教融合的质量。另外，政府也会采取一系列的优惠政策来增强企业参与产教融合的动力，如减免税收等。此外，国家也会拨付一定的款项用于建立跨企业培训中心，目的是增强企业之间的交流，提高员工和学徒的培训效率。德国联邦政府为进一步促进高职产教融合的深远发展，在多方面提供政策保障，为产教融合的每一个环节都制定清晰、标准的规定。

（二）美国政府推进高职校企合作的成功经验

1.美国高职产教融合育人的主体

美国政府对职业教育的重视程度也很高，但它的发展模式和其他发达国家的有所不同。德国、日本和澳大利亚等国家的职业教育和普通教育是并行发展，而美国则根据自己的国情，对职业教育的发展规划了一条属于自己的道路。肯尼迪总统任职期间，美国就设立了社区学院，由社区学院来承担高等职业教育的任务。社区学院是设立在美国的各个社区中心，服务的对象是社区，因此命名为社区学院。社区学院在美国现代化发展过程中起到了无可替代的作用，它为美国资本主义的发展培养了数以万计的人才。

2.美国高职产教融合的组织

美国对高职产教融合的管理非常精细。首先是成立"高等教育委员会"和"社区学院委员会"，这些委员会的成员是由社会上的教育和工商代表组成的，而且直接由州长任命担任，委员会对高职校企合作具有统筹规划的职能。然后，还有"美国高校大学—企业委员会"，它对校企合作实行监督职能，学校、用人单位和学生三者的关系就是靠这个委员会来协调的。除此以外，在学校里面还设有专门管理校企合作的"合作教育部"，这个部门代表学校处理一切校企合作的业务工作，包括寻找合作企业、开拓合作项目、与企业的日常联系和沟通等。

3.美国高职产教融合法律法规的特点

（1）立法的针对性及连续性

美国产教融合法律法规的确定都是在一定的现实要求下，以解决一定的社会问题为目的，并不奢求每次立法都能解决所有的问题，而是尽力解决最迫切的问题，所以每次立法都是极有针对性的。除了针对性，美国产教融合的法律还有一个显著特点就是连续性，每一次的立法都是在之前立法的基础上，法律和法律之间具有继承关系。新的立法可以弥补上一次立法的不足，不断进行修正，进而一步一步地解决问题。另外，在法律法规的内容上也会体现职业教育的发展规律，符合经济的发展要求。

（2）立法的监督与保障

美国的政府、企业和学校都很支持美国对校企合作的立法，并且自觉地遵守有关产教融合的法律法规，同时对产教融合制度的拥护程度也很高。在20世纪60年代，美国就先后成立国家合作教育委员会和美国合作教育协会，这些协会的成立进一步促进和规范了美国校企合作的发展。随着时代的变迁，到了 90 年代，无论是学校还是学生都产生了迷茫，认为学校和社会之间存在距离，学生学到的技能不能很好地直接投入到社会上使用。那个时候，美国政府为了帮助学校进行教学改革，成立了"获取必要技能部长委员会"。委员会的成员有来自行业的代表，目的是帮助学生在学校就可以学习到实用的技能，以后可以直接回报社会，投入实践生产中。该委员会还做了一个题为"职场要求学校做什么"的调查报告，很好地推动了美国职业高职产教融合的发展。

美国的教育改革都会伴随着法治程序，教育改革的过程都会有法律的保障。美国政府校企合作除了有法制保障外，还有充分的资金支持。在制定校企合作法律的时候，就把项目的资金支持要求写入法律里，而且条文非常清晰具体，具有较强的可操作性，从资金的分配问题到什么项目可以获得资助、如何申请、使用和监督等都有相关的法律规定。美国政府认为，资金是实施产教融合的"发动机"，因此每一次教育立法都会有配套教育项目资金的支持。如果产教融合仅靠企业或学校筹措的资金，是远远不够的，只有有政府资金的支持，产教融合之路才能越走越远。

（三）澳大利亚政府推进高职产教融合的成功经验

1.澳大利亚高职产教融合教育的主体

澳大利亚的各个州和地区一般都会有一个产教融合培训机构，称为技术与继续教育学院（Technical and Further Education，简称 TAFE），TAFE 学院由澳大利亚的政府主办，承担各种职业技能的教育和培训任务。澳大利亚职业教育的产教融合是由行业和企业来主导的。企业与员工之间签订一个培训合同，这个合同需要在政府相关部门注册备案，然后员工就成为学徒到 TAFE 去进行培训进修，这是一种"新学徒制"的校企合作育人模式。

2.澳大利亚高职产教融合的组织

澳大利亚的 TAFE 系统是一个庞大的体系，代表澳大利亚联邦政府对 TAFE 进行统筹管理的是澳大利亚国家培训署（ANTA），除此以外，还有 TAFE 行业培训顾问委员会和驻守各州的 TAFE 服务处等。ANTA 的委员主要是来自政府、行业和教育界的代表，TAFE 行业培训顾问委员会和 TAFE 服务处则由来自各行各业的代表组成。有关 TAFE 的宏观调控、资金管理以及制定总的培训体系都是由 ANTA 来掌控，而有关产教融合的一些具体管理事务工作是由行业培训顾问委员会和服务处来处理。

3.澳大利亚政府给予政策和经费的大力支持

澳大利亚的 TAFE 学院得以蓬勃发展，得益于澳大利亚政府提供的政策和资金保障。这主要体现在四个方面：首先，从 TAFE 学院的筹建到完善阶段，无论是基建还是设备，所有的硬件设施，政府都会拨付足够的款项来支持。其次，只有 TAFE 学院颁发的职业教育文凭才能得到国家的高度认可，而且一个社会人员只有获得了职业教育文凭才可以从事职业技能工作；在社会上，对于一个拿着普通文凭和 TAFE 文凭的同等级的学生，用人单位会更倾向于 TAFE 文凭拥有者，因为 TAFE 学院培养出来的学生具有与社会需求一致的技能，可以直接投入实践工作，而普通文凭学生则比较注重理论。再次，政府为 TAFE 打通了"天地线"，花费巨大的金额来完成全澳大利亚通用的职业教育框架体系，在 TAFE 学院获得高级文凭的学员可以到对应学科的大学继续深造，获得政府和社会都认可的学位。最后，政府有法律规定用人单位需要为员工提供培训的机会，并且提供资金支持；学员就读政府主办的 TAFE 学院的学习成本很高，但只需要支付学习成本 5% 左右的学费，因为其他的经费都是由政府承担的。

第五章 产教融合人才培养模式的利益分析

第一节 基于政府层面的利益分析

一、政府关注社会经济发展

政府代表人民利益并关注民意。从社会契约论看，政府是人类为维护自身利益自由契约而成的。人类最初所处的状态是每个人自由、平等的由整体生态法统治的状态。在这种整体生态状态下，个人可以按照他们认为合适的办法决定他们的行动，处理他们的财产和人身，而无须得到任何人的许可或听命于任何人。然而，这种整体生态状态主要通过战争和强力分配资源，缺少一个衡量是非的共同标准和一个公正的裁判者，因而是不稳定的。人们为了克服整体生态状态的这些缺陷，更好地保护自己的人身和财产，便同意自愿放弃自己的某些权利，交由他们指定的人来行使，于是便产生了作为公民权利代理者的国家。由此可见，公民选举产生政府，政府代表的是有益于所有让渡权利的选民的想法和意愿。从马克思主义看，政府是社会生产力发展到一定阶段后产业细化的产物，它起源于社会公共管理的需要并以这种需要为其活动的边界。

政府有两大职能，具体如下：

①社会管理职能：主要解决社会自身无力解决的问题，比如，政府管理宏观经济。

②政治（阶级）统治职能：政府掌握并使用国家机器对被统治阶级实行统治，以维护统治阶级的利益。

政府的职能是不断变化的。政府、市场和第三部门既是资源配置的三种不同方式，也是社会治理的三大制衡主体，这三大主体的权力边界以及力量对比，共同决定着政府在某一时空中的职能。以世界范围内的政府和市场的关系在理论上的演化为例，15世纪到17世纪末的重商主义经济学，认为财富即金银且来源于对外贸易顺差，主张政府重视管理经济并积极开辟世界市场；18世纪到 20 世纪初的古典主义经济学指出，政府应充当"守夜人"，尽可能不干预经济活动；20 世纪 30 年代，为化解经济危机等市场失灵问题所引发的灾难，凯恩斯主义主张，政府积极干预经济，鼓励政府刺激投资和消费，实行赤字财政。

20 世纪 70 年代，政府干预出现了政府失灵（主要表现为经济"滞胀"），新自由主义开始提倡削弱政府在经济活动中的作用，市场化改革成为时代潮流。虽然关于政府与市场关系的经济理论与经济的发展不是严格对应的，但这些理论基本上反映了历史上不同阶段世界经济活动的总体趋势。现阶段我国政府的职能主要集中在经济社会的宏观管理。改革开放以来，经济社会管理成为政府的职能重心，积极转变职能，放松对经济活动的管制，建立社会服务体系，成为政府职能转变的趋势。从 2005 年开始，高校扩招效应开始凸显，大学生就业难成为社会焦点问题。近年来，高等教育人才供给与劳动力市场的人才需求脱节问题突出，社会反响大，引起了政府的重点关注。2012 年开始，中国 GDP 年增长率降落到 6% ~ 8% 的中高速增长阶段，中国经济进入了新常态阶段。新常态下，要想继续保证国民经济持续稳定发展，必须转变经济发展方式，调整经济发展的路径，加快产业优化升级，坚持创新驱动发展战略，推进教育领域的综合改革。所以，从 2013 年起，政府开始助推地方普通本科高校向应用型高校转变，其主要目的在于解决大学生就业问题和促进经济发展（履行经济社会发展职能）。

从某种意义上来说，经济体制改革是全面深化改革的重点，其核心问题是处理好政府和市场的关系，使市场在资源配置中起决定性作用和更好地发挥政府作用。必须积极稳妥地从广度和深度上推进市场化改革，大幅度减少政府对资源的直接配置，助推资源配置依据市场规则、市场价格、市场竞争实现效益最大化和效率最优化。政府的职责和作用主要是保持宏观经济稳定，加强和优化公共服务，保障公平竞争，加强市场监管，维护市场秩序，助推可持续发展，促进共同富裕，弥补市场失灵。关注大学生就业等民生问题以及社会经济发展，是政府助推高校深化产教融合的重要缘由。可以说，政府助推地方高校的产教融合正是为了从一定程度上解决大学生就业难问题和经济转型问题。

二、政府的教育投资分析

政府的教育投资是指政府决策并由政府提供资金的投资。从目前世界各国来看，虽然教育被普遍视为一种介于"私人产品"与"公共产品"之间的"准公共产品"，或者说，教育既具有一定的"私人性"，又具有一定的"公共性"，但政府对教育的共同投资，则是决定各国教育能否正常、稳定发展的一个最关键的因素。这无论是社会主义国家，还是资本主义国家；无论是发达国家，还是发展中国家；无论是实行计划经济国家，还是市场经济国家，都概莫能外。就我国而言，各级政府对教育的投资，在我国整个教育发展中更是起着决定性的保障作用。因此，对政府的教育投资行为进行比较具体而全面的分析，了解政府在对教育投资的过程中所具有的内在行为特征及规律，无论对产教融合人才培养模式的发展，还是对整个教育投资及社会资源利用效率和配置效率的提高，都将具有十分重要的理论和现实意义。

一般来讲，任何一种投资行为主体，无论是个人还是企业，都有其特定相似的行为动机。但政府作为社会公共利益的代表，其行为动机不同于个人和企业这两种投资主体。比如，个人和企业的投资动机主要是为了追求各自的经济利益，满足其私人或集体利益的需要，而政府投资则是为了满足社会全体公民或大多数人的需要，或者说是为了特定的公共利益的需要。由政府投资以满足社会公共需要有其客观必然性。在社会主义市场经济体制下，政府对高等教育投资（对产教融合模式的投资）的动机主要表现在以下几个方面：

第一，发挥政府作为社会公共利益代表的作用，满足社会对教育的"公共需要"。社会公共需要，即"一般的社会需要"，是指与个人、集团的个别需要相区别，由国家集中剩余产品提供，主要由公共产品满足，并且社会公众享用不需交费或少许付费的社会成员共同需要。满足社会公共需要能达到维持一定的政治经济生活秩序，使社会再生产正常运转，是人类社会存在和发展的要求，而满足的程度又是社会经济发达程度的反映。随着社会进步和经济发展，满足社会公共需要的内容必然增多。

教育，作为人类社会特有的现象，就其本质而言，是社会对受教育者施加有目的的影响，把他们培养成符合社会要求的人，从而促进人类个体发展和社会整体发展的一种精神生产活动。教育是人类社会"普遍的和永恒的范畴"，只要有人类的地方就有教育，教育与人类社会共始终。人类是由于社会生产和社会生活的演进而需要教育的，教育本身就具有能满足这些需要的特殊功能。在现代社会经济条件下，教育作为传授知识、技能和培养各类社会专门人才的主要手段和途径，不仅具有特定的生产和经济功能与价值，而且也具有十分广泛的社会、政治及文化功能与价值。在经济方面，教育可以加速人力资本的形成，提高劳动者的素质，进而促进经济的快速发展；在社会方面，教育已普遍被视为参与社会发展工作和提高个人收入水平的重要措施之一；在政治方面，教育也是教育人民有效地参与各项政治活动，使国家逐步走向民主、法制轨道的重要途径；在文化方面，教育自身及其发展又往往关系着一个国家民族文化及其精神财富的传播和继承，关系着民族文化及道德素质的培养和提高。

因此，政府对教育的社会、政治和文化价值的追求，以及满足社会或国家对教育的这些政治、文化等价值与功能的公共需要，就成为政府对教育进行投资的主要行为动机之一。

第二，发挥政府作为公共权力达标的作用，保证教育与经济社会发展的协调与平衡。我国的教育体制，无论如何改革，都需要保证教育与经济社会发展的协调与平衡，而促使教育与经济社会发展协调与平衡的调控主体，又只能是代表公共利益的政府，政府作为公共权力的代表从公共利益出发来协调教育与经济的运行。在市场不断发展、社会对教育需求千变万化的情况下，政府作为公共权力的代表来协调教育与经济的关系，就显得更为重要。当然，在新的经济体制下，政府作为公共权力的代表已不可能再通过指令性计划或隶属关系而直接对教育进行宏观调控，而是通过宏观政策来调节教育的发展。因此，政府在教育方面的宏观调控职能主要表现为确立教育发展的战略重点、协调教育发展的规模、速度和学校布局。

从以上的分析汇总不难看出，在市场经济条件下，政府教育投资的行为动机主要是为了满足社会成员对教育的"公共需要"，保证教育与经济社会发展的协调与平衡。这种行为动机，其实也是政府对发展教育所应承担的责任和义务。正是由于具有了这些责任和义务，就决定了政府在整个教育投资和教育发展中起着十分重要和不可替代的作用。而产教融合人才培养模式作为高等教育中的一个组成部分，自然也发挥着教育所具有的作用，因此政府在产教融合上的投资同样可以用上述论述来解释。

三、政府利益获得与产教融合动力的关系

就总体趋势看，政府助推高校深化产教融合的动力，从中央政府到省级政府再到市级政府呈现出依次递减之势。其主要原因在于，随着政府层级的下移，各级政府从助推高校深化产教融合中获得的利益剩余是依次递减的。由于分工和职责的差异，其他行政部门（包括财政、发展和改革、人力资源和社会保障、商务等部门）助推高校深化产教融合的动力弱于教育行政部门。中央政府及其教育行政部门（教育部）助推高校深化产教融合的动力非常充足。

一方面，中央政府及其教育行政部门是高校深化产教融合的策源地。2010年以来，为拉近职业教育和产业发展的关系并扭转地方普通本科高校的发展困局，中央政府开始积极倡导高校深化产教融合。2013年，教育部开始着力助

推部分地方普通本科高校向应用型高校转变，向职业教育转变。2014 年发布的《国务院关于加快发展现代职业教育的决定》将产教融合确立为发展现代职业教育的总体要求和基本原则。2015 年印发的《关于引导部分地方普通本科院校向应用型转变的指导意见》（以下简称《指导意见》）指出，以产教融合、校企合作为突破口，引导部分地方普通本科高校转型发展，把高校的办学思路真正转到产教融合、校企合作上来。在中央政府及其教育行政部门的助推下，深化产教融合逐渐上升为地方普通本科高校向应用型转变的核心目标、关键途径和重要内容，也成为新常态下国家产业结构优化升级和经济社会发展的助推器。

另一方面，中央政府及其教育行政部门围绕产教融合采取了一系列措施。在政策方面，发布了一系列强调和助推高校深化产教融合的文件。在具体的推进策略上，建立了一些联盟、研究中心、论坛和项目。2013 年 6 月，在教育部助推下，应用技术大学（学院）联盟和地方高校转型发展研究中心成立。2014 年春，在教育部领导倡议下，中国应用技术大学（学院）联盟会同有关地方政府和社会组织，举办了"产教融合发展战略国际论坛"，该论坛每年举行两次，在我国高等教育、职业教育领域影响卓著。2016 年年初，教育部学校规划建设发展中心启动了"高等学校产教融合创新实验项目"，该项目包括营口理工学院、兰州文理学院、河北民族师范学院、滇西科技大学和钦州学院五个试验基地，旨在以产教融合为核心和突破口，建设有区域影响力、特色鲜明的高水平应用型高校。2019 年 10 月 21 日，在教育部、工业和信息化部的指导下，由中国高校创新创业联盟主办，哈尔滨工业大学承办，黑龙江省、哈尔滨市人民政府协办的 2019 年中国高校创新创业联盟年会在哈尔滨华旗饭店圆满落幕。同时，隆重举行了以"产教融合、创见未来"为主题的第一届全国产教融合创新创业大赛启动仪式。

中央政府及其教育行政部门助推产教融合的动力比较充足的主要原因，在于认识到助推高校深化产教融合对其收益较大。从经济动因看，一项新的政策或制度安排只有预期收益大于预期成本时，才会被做出。中央政府及其教育管理部门之所以大力助推高校深化产教融合，正是基于高校深化产教融合的预期净收益大于预期成本的认识。

从政府推进高校深化产教融合的制度文本中可以看出，高校深化产教融合的预期净收益包括缓解高等教育的制度化问题、扭转高等学校发展的同质化倾向、解决大学毕业生就业问题、促进产业结构优化升级、服务地方经济社会发展和国家发展战略等。这些预期收益的实现可以提高政府官员的政绩，让政府获得人民的支持和拥戴。在实现这些收益的过程中，政府还可以扩大自己的权力，履行政府的经济社会管理职能，甚至让政府官员从中获取租金。与此相对的是，中央政府组织高校深化产教融合的成本非常低，这些成本主要包括：组织专家进行论证的费用、出台政策的费用、宣传和推进政策的费用（此项费用相对较大）、监督和评价政策执行效果的费用。由此可见，推进高校深化产教融合对政府而言，可谓是"百利而无一害"，因而，中央政府助推高校深化产教融合的动力充足，这也是政府政策层出不穷的重要原因。

而省级（省、自治区、直辖市）政府及其教育行政部门（教育厅或直辖市教委）助推高校深化产教融合的动力相对减弱。在中央政府发布相关指导性文件之后，各省级政府陆续出台了相应的政策文件，确定了省内的转型试点高校，并响应中央政策，把产教融合、校企合作作为转型的核心目标。另外，中央提出由省级政府落实地方普通本科高校向应用型转变的统筹责任，这进一步以责任的方式为省级政府助推高校深化产教融合添加了动力。当然，也有一些省级政府推进高校深化产教融合的时滞过长，部分省区至今尚未出台相关政策并采取相应措施。

到市级政府（市、直辖市的区）及其教育行政部门，其助推高校深化产教融合的动力再次减弱。很多高校坐落于非省级政府所在地的市区，这些高校转型发展并深化产教融合，首先考虑的是服务所在市区的产业发展和经济社会发展，其次才是服务所在省区或者周边省区，因为所在省区的其他市区和其他省区也有相应的高校。据此来看，由市级政府助推深化产教融合，其直接效果可能好于省级政府。然而，多数市级政府助推高校深化产教融合的动力并不充足。其原因在于：一方面，《指导意见》提出"落实省级政府统筹责任"，没有对市级政府提供责任约束；另一方面，高校由省级政府或省级教育行政部门主管，市级政府没有管理高校的权力，整体生态没有助推高校深化产教融合的动力。

总的来说，从利益层面进行分析，从中央到地方政府，其需要投入的成本逐渐增加，所以在深化产教融合的动力上会呈现出逐渐减弱的趋势，这也从某一角度上解释了高校产教融合中地方政府职能"缺位"的现象。

第二节　基于企业层面的利益分析

一、企业的目的是追求收益最大化

分析企业的利益需求的基础在于明确企业的本质。企业的本质，指企业作为一种经济利益团体或经济制度，区别于其他经济利益团体或经济制度的特殊性，它集中讨论企业的起源和企业的边界两大问题。自企业产生以来，人们对企业的性质进行了不懈的探索，形成了一些颇具时代色彩的观点。古典经济学认为，企业是产业细化与协作的结果。社会经济逐渐从自给自足的整体生态经济发展到专业化的分工协作经济，从而衍生出了企业。亚当·斯密指出，劳动分工是经济增长的关键，企业是分工与专业化的产物。同时，企业的边界受制于市场范围，这也被称为"斯密定理"。卡尔·马克思则指出，在自给自足的整体生态经济状态下，社会生产的基本形式是个体小生产或家庭生产，生产的目的是满足家庭的需要，其生产规模狭小，几乎没有社会联系，因而不构成企业组织。进入资本主义之后，由于产业细化的发展，协作得到了长足进步，分工协作的资本主义生产实际上是同一资本雇用较多的工人，因而劳动过程是在扩大规模并提供大量产品之后才开始的。较多的工人在同一时间、同一空间或者同一劳动场所，为了生产某种商品，在同一资本家的指挥下工作，便构成了作为协作劳动组织的企业。

新古典经济学认为，企业是一个通过投入产出来追求利润最大化的专业化生产组织。新古典经济学将企业视为由土地、资本、劳动力等生产要素联系起来的一个生产函数或"黑箱"，企业通过生产将这些生产要素转换为一定的产出，实现利润最大化。企业契约理论强调企业的"交易属性"，认为企业是市场治理结构的替代物。罗纳德·科斯在其1937年发表的《企业的性质》一文中提出疑问，既然市场这只"看不见的手"可以实现稀缺资源的有效配置，那为什么还存在企业？他给出的答案是，利用市场治理结构配置资源存在交易费用，当利用权威配置资源的成本小于市场治理结构通过价格配置资源的成本时就会形成企业。换言之，企业是对市场的替代，企业的产生是为了节约市场交易的费用。张五常则从契约的角度指出，企业和市场都只是一种交易契约，与其把企业看作要素市场对产品市场的取代（市场交易的对象是产品，企业内部交易的对象是生产要素），不如说企业是一种要素契约对产品契约的替代。企业能力理论强调企业的"生产属性"，认为企业的本质是能够生产"核心知识和能力"。企业能力理论包括资源基础理论、企业动力理论、企业知识基础理论、核心竞争力理论等一系列松散理论，主要从企业内含的"知识和能力"的角度分析企业的异质性，特别注意从隐含知识、技术、技能、生产过程、能力等内生性因素来理解企业自身的创新力及其竞争行为的多样性。如果说企业契约理论看到的是企业与外部组织在产品与服务方面的"交换"或交易，企业能力理论则看到了产品与服务在企业内部的"转换"或生产。

利益相关者理论认为，企业本质上是"生产"和"交易"的联合。利益相关者理论指称，企业的利益相关者是那些失去其支持企业就无法生存的个人或团体，企业存在的目的，必须综合权衡企业的众多利益相关者之间的利益关系，而不仅仅是为股东服务。企业的核心知识和能力的生产最大化的根本途径，是让企业的利益相关者参与企业的决策和管理，充分利用各方面的智慧和资源。较之股东单边治理，利益相关者共同参与企业治理，更有助于企业追求长期发展，减少员工的偷懒行为和企业的监督成本，降低企业的交易成本和代理成本。由此来看，企业兼具对外交易资源、对内生产资源的双重属性，既是一个具备交易属性的"关系契约网络"，又是一个拥有生产属性的"能力集合体"。

综上可见，企业是生产和交易的联合体，公司的发展方向在于最大化其利益相关者的利益。企业的利益相关者包括企业内部的股东、经理人、员工，企业外部的政府、消费者和相关的竞争与合作组织。和其他利益相关者组织一样，企业的实际运营，往往追求权力最大的利益相关者（通常是股东、经理人等决策者）的利益最大化。企业是典型的经济利益团体，经济利益是企业的核心目标，尽管一些企业的利益相关者在企业中并不仅仅追求经济利益。所以，企业的核心利益在于，通过生产和交易最大化地满足其利益相关者的经济利益。

二、企业参与高校产教融合的动机分析

在了解了企业追求利益最大化的目的之后，便可以进一步分析企业参与高校产教融合的动机，并可以初步了解企业对高等教育的参与与政府的动机有着较大的差别。

　　企业是从事生产、流通和服务等经济活动，为满足社会需要并获取盈利，进行自主经营，负盈亏，实行独立核算的经济单位，是社会经济活动的主体。从根本上说，企业生产的目的服从于社会生产的总目的，但它不像政府那样，直接自觉地为满足全社会日益增长的物质和文化生活的需要，它也不像劳动者个人那样，是为自己的全面发展创造条件。在市场经济条件下，企业对高等教育产教融合的参与的目的就是价值增值，为了追求预期的最大经济利益——利润。这是所有企业所共同追求的一个基本目标，也是一个公认的基本经济前提和理论假设。

　　企业对高校产教融合的参与，应该说同样是出于对"利益"的内在追求，相应其投资行为也同样应符合使"利益"最大化的基本准则，那么，根据市场经济中"利益"最大化的基本准则，企业对高校产教融合的投入和参与，原则上讲，至少应符合以下两个基本条件：一是企业的教育投资支出所能取得的预期收益按市场贴现率贴现后应不低于其投资成本；二是企业教育投资的预期收益率应等于或不低于企业对其他方面投资的收益率。上述两个条件即企业对产教融合投资的基本准则。也就是说，只有那些能为企业带来较高收益的教育投资才会为企业所采纳和实施。当然，在现代市场经济条件下，随着社会经济的发展与文明程度的提高，同时也是由于现代企业财产法人制度的建立，企业在追逐利润和经济利益这一目标的同时，非经济的或者说社会的利益也日益成为很多企业尤其是大中型企业所追求的重要目标之一。对教育的投资也是一样，企业既可能为追求货币性的经济利益而对教育进行投资，也可能为追求非货币化的精神享受或心理满足而对教育进行投资。

　　在市场经济条件下，既然企业对投资收益的追求既包括货币性的利润，也包括非货币化的心理满足与精神享受，那么根据前面对企业教育投资行为动机的分析，企业既可能为追求货币性的经济利益而对教育进行投资，也可能为追求非货币化精神享受或心理而对教育进行投资。也就是说，在现代市场经济条件下，企业的教育投资范围一般集中在以下三个方面：一是能为企业带来直接经济收益的教育；二是能为企业带来非经济利益（或者说是间接的经济利益）——主要是为获得良好的社会声誉和树立企业形象；三是企业对教育机构的研究合同、培训合同支付的费用，这是发达国家职业教育经费的主要来源，在中国，现在也正逐步形成这种制度和机制。但总的来说，无论是为了直接的经济利益，还是为了声誉等间接的经济利益，企业参与高校产教融合的动机都可以归结为利益的追求。

三、产教融合中企业的成本分析

（一）管理成本

管理成本是企业组织从事各项管理活动所付出的代价[①]，是企业内部为组织和管理生产活动发生的材料、人工、劳动资料等的耗费。在产教融合中，企业的管理成本主要指的是人工费用。企业参与产教融合，为社会培养人才，为此，企业要提供相关的工作岗位，供学生实习实训，以此锻炼学生的实际操作能力。因为学生大多缺乏社会工作和生活经验，适应能力、自律性都比较差，企业要对学生的工作和日常生活统一安排，由企业内部的老员工担任专职的实训教师，和学校教师一起对学生进行指导，并在学生实操过程中进行监督。另外，企业还需要负责学生的饮食起居，这些都是企业在产教融合中需要付出的管理成本。

（二）生产风险成本

生产风险成本包括企业在生产过程中由于风险的存在和风险事故的发生所必须支出的费用和预期经济利益的减少。以技术性岗位为例，在产教融合中，企业存在的风险就是学生的操作技能问题和自我保护能力。因为学生实训并不是参观，而是安排学生在技术性岗位上从事机器设备的操作等，学生可能由于缺乏实际操作技能，会出现失误或操作不当造成对机器设备的损坏和对产品原材料的浪费，企业因此要维修设备或更换新设备，而且产品原材料的成本也会随之增加，这部分费用成为企业为参与校企合作而不得不支付的额外费用。另外，也不排除学生的技术不熟练生产出大量的残次品，这不仅是对原材料的浪费，也会在后期产品检验过程中浪费质检成本，如果检验后返回生产部门再加工也是对人力、物力、财力资源的重新配置与浪费，同时造成产品质量的不稳定，也会影响企业产品声誉，这样企业就会因为学生顶岗实习减少预期的经济利益。当然，如果学生从事的岗位不牵涉机器设备的操作和产品质量的问题，最多就是学生在劳动过程中出现意外伤害，而企业需要为学生赔付医疗费用，这些同样也都包含在产教融合中的生产风险成本之中。

（三）工资支出

学校在与企业合作时，会安排一些需要锻炼实际操作技能的学生到企业进行顶岗实习。但是，在实际实习中，企业是不愿意空出那些技术含量较高的岗位安排学生实习的。如果不是顶岗实习，而是正常的工作的话，工人的工作报

---

① 江治平.试论管理成本 [J].中国农业会计，2008（7）：22-24.

酬和实际技能要求是成正比的。而在学生顶岗实习中，企业在考虑支付学生工资时，对于越是技术含量高的岗位，企业反而支付给学生较低的工资；对于越是那些简单重复的流水线的工作，企业却愿意提供较高的工资给学生。出现这样的情况不足为奇，因为企业要为技术含量较高的工作岗位上的学生实习的这一行为付出相对于正常用工情况下还要高的成本。在顶岗实习中，技术含量较高的岗位，如果由实际操作能力生疏、经验不丰富的学生来顶岗，那么企业就要付出相对高的生产风险成本。相比正式的员工，企业支付给学生的工资其实非常少，有些企业支付的薪酬甚至不足一千元，但无论多少，这部分的工资支出也都包含在企业的成本之中。

四、产教融合中企业的收益分析

在前面已经简要分析了企业参与产教融合的动机，即利益，如果进一步分析，其在产教融合中获得的收益主要包括降低招工成本、获得廉价劳动力、降低员工培训成本、宣传企业等几个方面。

（一）降低招工成本

企业参与产教融合，这是企业降低招工成本、获得合适的专业人才的有效途径。

第一，产教融合可以缩短企业对员工的培训时间以降低招工成本。高校学生参与产教融合强调专业对口，在实习过程中顶替企业正式员工工作岗位的学生拥有比较充实的理论知识，只是缺乏实践操作技能，如果企业根据现有的岗位对实习学生进行职业能力培养，那么学生能够很快成长为符合企业要求的人才。与外部劳动力市场上获得的人员相比，可以避免由于信息不对称引发的机会成本。如果企业通过笔试、面试等筛选招聘外部劳动力市场人员，可能通过后期的工作发现所招聘的人员并不适合企业的需求，这不仅耗费了大量的招聘成本，也浪费了过多的时间成本。

第二，企业可以通过校企合作"优胜劣汰"筛选出合适的专业人才充实到自己的员工队伍中来。因为学生在实习期间的所有工作表现都会由企业进行管理和评价，再通过学校教师的了解，企业可以有更多的选择权及选择时间来挑选优秀员工。所以说，企业可以从与学校的合作中获得所需的专业人才，并且在学生顶岗期间根据企业的需求对实习学生进行培训，使这些学生熟悉企业岗位要求、企业规章制度和企业文化等，更重要的是企业通过顶岗实习和学生建立了良好的"感情"，学生会更加忠诚于企业，也加大了企业工作岗位的稳定性。

（二）降低员工培训成本

在众多招聘中，企业都是从外界劳动力市场上招收自己所需要的员工，一般会出现两种情况：一种是直接招到有工作经验的具备劳动资格证书的技能型工人；一种是先招收一些缺乏专业技能且不具备劳动资格证书的人员，再经过企业安排统一培训。如果企业招聘来的人员是后一种工人，企业就要支付较高的培训成本之后才能让这些人在相应的工作岗位上正常工作。但是，如果是产教融合，这部分员工培训的成本是否就可以降低呢？

高校学生在校学习期间，一直是以专业理论知识为主，虽然实际操作的能力有所欠缺，但有着专业的理论知识。所以学生在进入企业实习之前，自身具备了一定的知识基础，甚至有些学生在校期间就取得了相应的职业资格证书，而企业只需对学生工作过程中的实际操作技能稍加指导，学生自己再通过长时间实践操作培养熟练程度就能成长为一名合格的人才。这相对于从外部劳动力市场上招聘的员工，实习学生可以为企业节约大量的培训成本。

另外，企业在与高校合作时，并非只是学校把自己的学生安排到企业进行顶岗实习，企业也可以把自己的员工放到高校进行再培训。随着科学技术迅速发展，企业的员工在新的理论与技能上也要不断地学习与提高，如果企业参与产教融合，把这些需要再培训的企业员工委托给高校进行培养，就会减少本企业的培训成本。通过企业员工的再培训，企业本身不单单是获得了更加优秀的员工，而是这些员工通过再培训更加信任本企业，对企业的忠诚度也会进一步提高，而且与其他员工的社会关系仍能创造价值，而这种价值是超越于他们当前工作的价值之上的。

（三）宣传企业

良好的公共形象在企业发展中就有竞争力。宣传、传播作为公共关系的中介，可以有效提高企业等社会组织的美誉度。人们经常发现，一些高校的招生简章也常会提到学校与哪些企业进行深度合作，有多少毕业生进入大中型企业工作，这无形中也为企业做了宣传，在学生及其家长心目中觉得毕业能够进入学校所提及的单位就业就是很好的事情。通过学校的这种无形的宣传提高自身的社会地位，也让更多的与企业产品不相关的人认识了企业，并且塑造了"学习型企业"的良好形象，也可以间接吸引更多的优秀人才，提高行业之间的竞争力。

第三节　基于高校管理层的利益分析

一、学校管理人员的利益需求分析

通过笔者对一些高校管理人员进行调查和总结，高校管理人员的利益需求主要包括以下几个方面：

①物质需求：看中解决教职工的工资福利问题，看中解决高校的物质文化建设。

②精神需求：注重自我价值的实现（包括职位晋升、上级认可）以及校园精神文化的建设。

③社会需求：注重社会价值的实现（服务社会）以及社会人员、政府的认可。

学校管理人员归属于一定部门或机构，在行政管理层级的驱动下，他们在关注学生的基础上，还需要把上级的意志放在一个重要的位置上，所以也会非常关注上级的认可。另外，学校管理人员同经济领域中的人一样具有"经济人"特性，他们关注自己的自我实现、工资福利、职位晋升和本职工作，关注所在部门的利益获得，希望通过扩大自己及其所在部门的利益，提升自己的人生幸福感，实现自我价值。综合分析来看，在上述三种利益需求中，高校管理人员相对更为重视社会需求，因为高校作为一个面向社会的公共组织，社会需求的实现可以帮助学校获得更高的声誉，进而获得更为长远的利益。

当然，高校管理层存在行政级别之分，而就产教融合来说，行政级别对产教融合动力影响颇为显著。科级和处级的学校管理人员的产教融合动力差异显著；科员和处级的学校管理人员的产教融合动力差异显著；科级和处级以上的学校管理人员的产教融合动力差异显著；处级和处级以上的学校管理人员的产教融合动力差异不显著；科员和科级的学校管理人员的产教融合动力差异不显著；科员和处级以上的学校管理人员的产教融合动力差异不显著。需要说明的是：

第一，科级和处级及处级以上的学校管理人员的产教融合动力差异显著，可能是由于科级和处级及处级以上的学校管理人员在职位、权力等方面差异较大。以地方普通本科高校为例，其党委书记和校长为正厅级，副书记、副校长和纪委书记是副厅级，下设的职能部门（部、处、室、办）、教学机构（学院、直属系）和教辅机构（中心、馆、所、站、院）的级别是正处级，分设一个正处长和两到三个副处长，在这之下又分别设有科室的科长、副科长和职员。其中，科级同处级及处级以上的学校管理人员在数量、职责和权力上有很大差距。

第二，处级和处级以上、科员和科级的学校管理人员的产教融合动力差异不显著，可能是因为处级和处级以上的学校管理人员同属于学校的高层管理人员，而科员和科级的学校管理人员同属于学校的底层管理人员，高层和底层的内部异质性不突出。

第三，科员和处级以上的学校管理人员的产教融合动力差异不显著，而处级以上的学校管理人员的问卷最少，双方在数据分布上的差异不大。

通过对学校管理人员的利益需求和其产教融合动力得分进行回归分析发现，学校管理人员的利益获得与其产教融合动力呈正相关关系，即利益获得越大，产教融合的动力越高。

二、产教融合中高校的成本分析

从高校的教学管理来讲，学校与企业的合作可以看作一种"交易"，即双方共享教育资源培养专业人才的交易行为，也同样存在交易成本。综合来看，交易成本大致包括信息费用、谈判费用、实施合同费用、监督管理的费用等一系列制度费用。

（一）信息费用

高校在与企业合作之前，要根据自身的专业设置等特点，对相关企业进行调研分析，这就要求学校拥有大量的企业信息。学校一般都会组织专门人员到一些企业进行考察，详细了解企业的性质、生产能力、生产技术水平、所需人才的类型以及所需人才的知识、技能和综合素质的要求。但是，学校作为一个教育组织，而企业是一个经济组织，两者之间缺乏交集，学校想要真正了解企业的这些情况还是很困难的。因此，高校想要寻找企业，只能"跑市场、跑企业""上家门"进行调研；参加就业服务部门组织的校企合作洽谈会，这中间就要走产生大量的交通费、食宿费、会务费等费用。在笔者的调查中还发现有的高校还要定期举行校企人才供需合作考察洽谈会，邀请并接待企业人员到学校实地考察，学校就要为举办这样的会议支付资料费、会议餐费、交通费用等一系列的招待费用。

（二）谈判费用

当初步确定与哪个企业合作时，要就合作的行为进行讨价还价，尽可能多地让企业承担更多的学生实习责任，然后起草、讨论、确定合作合同。尽管产教融合的模式是为了培养人才，但毕竟在现实情况下学校和企业的发展目标和利益诉求点是不一样的，为了追求各自的利益，基于任何目的、任何形式的合作行为都不能为所欲为，必须要以双方共同接受的具有法律效应的合同或契约的形式确定下来。学校要就双方的合作定位进行谈判、沟通，涉及学校的教学管理特别是学生实习的问题时，要保证学校的利益不受损害，保证合同的完整性，避免今后的一些不确定因素给学校带来不利影响或者重大损失。这些合作中的所有事宜都需要学校出面与企业交涉，以谈判的形式确定各自的利益，最终形成书面形式的合同，以此来保障学校的利益不受侵害。这中间产生的一切费用就是学校在与企业合作中必须付出的谈判费用。

（三）实施合同费用

学校要在合作过程中为贯彻合同，对企业进行监视，看其是否遵守合同上的各项条款。学校与企业签订协议后，就要投入人力、物力、财力保证合同有效执行。首先，学校要根据企业的需要制订培养计划，对教材的选定、课程的设置和教学要求进行重新规划，这是实施合同的一种行为；其次，由于学生要到企业进行实习，学校的管理就不同以往的校园式管理，学校就要派出专门的生活老师和专业老师到企业与企业一起对学生的实习生活进行管理；最后，并不是说签订了合同之后，双方的合作行为都朝着最初的目标实施，中间也有可能出现变故，这就要有专门的人员与企业进行沟通、协调。因此，整个合作行为本身就是一个校企双方实施合同的行为，实施校企合作合同过程中校方一定会投入大量的人、财、物，特别是人员和费用的保障，才能保证合作可持续发展。

（四）监督管理费用

在高校与企业达成合作协议之后，学校还要对企业是否履行合同进行监督，对企业一旦不能履行合同所造成的学校的损失提出诉讼，要求赔偿。校企双方在合作过中对于各自出现的问题要做出适当的调整，如企业为了降低在校企合作中的成本，安排学生到流水线的工作岗位上进行实习，那么学校就要定期到企业进行监督，管理人员交涉，保证学生实习权益的同时也保证了自身正常的教学计划不受干扰，一旦与企业交涉失败，学校就有权利依照合同对企业的违约行为提出诉讼。当然，也可能由于市场的不确定因素，

如企业由于急需完成生产任务要求学校安排大量的学生到企业顶岗，而到

了市场的淡季，企业又不愿意接收学生顶岗实习，那么与这样的企业合作的学校培养的一部分学生不能保证到企业进行实习锻炼专业技能，学校同样要与企业沟通，虽然由于市场的原因，但是还是要双方共同商量如何在市场淡季安排学生进行怎样的实习。总之，校企双方的合作一定要依照合同办事，双方实施合同的同时，学校也要有专门的监督管理办法来约束企业不能履行合同的行为，监督管理过程中产生的人工费用、诉讼费用、交通费用等都要列入学校的成本中。

三、产教融合中高校的收益分析

尽管在产教融合中学校与企业的交易行为使得学校为此付出一定的成本，但高校同样可以从中获得一定的收益，如把学生放到企业这个实训场所比起学校自己承担学生的实习实训无疑为学校降低了培养成本，还能够促进学生就业、提高教学科研水平等。

（一）降低学生实习实训成本

产教融合中最重要的就是学生实训问题。学校和企业合作就是将企业定点为学校的实训基地，或学校与企业共建实训基地，无论是哪一种方式，都是企业在资助学校完成学生的实习实训任务，使学生能够理论联系实际，进行实际操作。如果高校能够和企业建立长期的合作关系，就等于拥有了良好的实训基地，这是培养人才的基础和保证。同时，通过高校与企业的合作，学生能够接触社会、接触生产现场的机会也就增多，有助于学生摆脱"重理论轻实践、理论脱离实践"的不良影响，从而为学生良好职业素质的培养和正确的就业定位打下基础。

（二）促进学生就业

产教融合是一种人才培养模式，其贯穿于人才培养的整个过程中。产教融合中通过学生在学校的理论学习使学生拥有扎实的理论基础，再加上学校能够经常联系企业管理与生产一线的人员到学校进行现场授课，就会提前引导学生在专业领域得到提高。然后学生在企业接受实习实训，使学生所学的理论知识得以应用、实际操作的能力得到锻炼，以及专业技能与素质获得全面提高，学生能够尽快地成长，增强学生的就业竞争力。就业率作为衡量高校办学质量的一个重要标准，学校能够通过校企合作，先是调整专业设置，强化学生技能培养，进而增强学生实践能力，深化教育改革，使学生的创新意识、动手能力、自学能力等更适应市场对人才的要求。

（三）提高教学科研水平

产教融合有利于专业教学改革和建设。专业建设是高校改革成败的关键，而市场对人才的需求是专业教学改革和建设的依据。要加强专业的适应性，必须不断了解市场对这些职业的素质、能力等方面的要求，如果学校能够与企业进行合作，可以根据企业的实际需求进行有针对性的专业配套设置与课程、教材的调整，建立以职业能力为中心的教学体系。毕竟企业对社会的需求是最了解的，学校只有与企业结合，才能真正了解教学改革的内容和重点，这样学校才能在校企合作中与企业建立联系，以需求导向，按企业生产的自身规律来研究学校的专业设置和教学模块。

第四节　基于高校教师层面的利益分析

一、产教融合中教师的作用分析

教师与产教融合的关系密不可分，一方面，产教融合长效机制的建立，产教融合的全面落实，产教融合实效的提高，离不开教师的全面参与，离不开教师作用的发挥；另一方面，教师通过产教融合平台，形成先进的教育理念，提高将科研转化为生产力的能力，改进教育教学方法，全方位提高教学水平，最终增强自己的职业核心竞争力，这也是促使教师在产教融合中发挥作用的内在驱动力。

产教融合是在政、校、行、企等多方联动下推进的，教师是学校教学主体之一，是产教融合最终的落实者和执行者之一，同时，教师也要代表学校实施部分管理工作。因此，教师在产教融合中担任多重角色，行使多重职能，其中最主要的三个作用分别是衔接作用、对学生的教学与指导作用以及对企业的指导和服务作用。

（一）衔接作用

衔接包括学校与企业的衔接、学校与学生的衔接、学生与企业的衔接。产教融合的实施过程基本都是靠教师来衔接的，与学校和学生沟通实习考核、实习时间、实习效果，与学生和企业沟通实习内容、住宿安排、作息时间，等等。衔接的内容就更加广泛了，从最初产教融合构想的提出到最后合同的拟定，从学生的日常管理到学生实习的考核，从学生的学籍管理到学生的职场管理，都是相关教师在其中衔接。衔接作用关系到产教融合的效率，教师发挥积极的衔接作用，促进学校、企业、学生有效沟通，能够节省时间成本，避免出现校企合作中无人管理的"真空地"带。

（二）对学生的教学与指导作用

这是教师作用的直接体现，主要包括对学生的理论教学，实践指导。教师发挥对学生的教学与指导作用，既包括学生实习前对学生进行专业理论知识、企业文化、岗位特点、实习安全的教学，也包括实习过程中的跟踪指导，即制订实习计划、解决实习中出现的困难、补充实习突发状况应对知识等，更包括对学生实习结束后的总结和考核，即根据实习情况，指导学生查漏补缺，促进学生专业技能的掌握，指导学生及时总结，指导学生调整入职心态，对学生进行就业心理健康教育等。

（三）对企业的指导和服务作用

教师一方面代表学校，对企业提出来的管理或技能问题给予一些建议指导，另一方面通过参与企业的一些制度化建设，参与企业课题，指导企业提高理论水平，为企业发展服务。产教融合通常单纯地依赖学校为企业供给学生，企业在学校设奖学金、办冠名班、捐建实训室、为学生提供实习基地，这种方式必然难以长久和深入。学生毕业了不愿到当初下"订单"的企业去工作，而企业选择廉价实习生资源渠道又非常多，因此企业很容易对需要付出较高成本，预订期货人才的产教融合丧失兴趣。因此，深化产教融合的内容，加强教师对企业的指导和服务作用是产教融合长期稳定发展的关键因素。如教师通过提供培训服务、技术革新和研发服务等形式为企业服务，增强学校对企业的吸引力。

二、产教融合中教师的利益诉求

（一）实现职业价值

教师作为高校教育的重要力量、一线力量，是高校教育教学活动的具体组织者、执行者，是高校教育教学改革的直接实践者，高校的教师比较期望向学生提供需要的知识与满意的教育服务，创造教师自身的教育价值、实现自己的职业理想。产教融合作为一种较为新兴的人才培养模式，如果能够推动这一模式的深化，促进学校教学质量的提升以及学生的发展，无疑又进一步地实现了教师的职业价值。

（二）获得合理的报酬

虽然作为知识阶层，高校教师追求的更多的是精神层次的满足，但某一个人都不可能摆脱"经济人"的性质，即多少会存在物质上的追求。产教融合模式的设施需要教师付出更多的精力，如在课程改革上、在教学方法的探索上、在去企业为学生的指导上等。相对应的，在付出了精力之后，必然期望能够得到相应的报酬，这对于薪资并不是很高的教师来说，无疑也是一个利益上的诉求。

（三）获得在职学习和进修的机会

随着社会的快速发展，知识的更迭也在加快，而作为一名高校教师，每个人都有学习和进修的需求与渴望。但是，由于种种主观原因，如培训经费紧张、日常工作繁重等，影响了教师的学习和进修。但在产教融合的人才培养模式中，虽然占用了教师更多的时间，但教师也同样有了学习和进修的机会。因为作为企业来说，一般与社会的发展相同步，这样教师通过企业这个媒介，便可以更直观地认识到社会发展的现状。另外，教师在高校中更多的是与理论知识接触，而在企业中可以得到实践培训的机会，从而使自身实现进一步的发展。

三、产教融合影响了教师的短期利益

从教师的成本与收益分析看，高校深化产教融合短期内增加了教师的教育教学成本，降低了教师的利益剩余，不利于调动教师深化产教融合的积极性。高校深化产教融合大幅增加了教师的工作量，却没有相应地提高教师的薪酬。从这一角度看，高校深化产教融合，改革的重点和难点在教师。高校深化产教融合对教师提出四点要求：更新教学内容、改革教学方法、参加校外培训和侧重应用研究，这都会增加教师的成本。更新教学内容，意味着教师要根据产业发展和生产一线的实际重新备课，打破教材体系，自主构建教学内容；改革教学方法，意味着教师要很大程度上减少使用成本较低的讲授法，更多地使用一些耗费时间、精力且难度更大的案例教学法、发现教学法、程序教学法和实验教学法等；参加校外培训，意味着教师要适应新的环境，放弃假期的闲暇和收入；侧重应用研究，意味着教师要慎重选择研究问题，将探索与发展知识的传授相结合。可以说，高校深化产教融合的结果，让教师这份职业变得更不轻松，教师整体生态成为改革最大的反对者，这种反对的表现形式可能不是集会或"发声"，而更多的是一种改革中的"不作为"或"假作为"。更严重的是，高校深化产教融合直接关系到教师的"去留"。深化产教融合，要求高校根据地区产业发展需求调整学科专业设置，缩减甚至取消部分不适应产业发展需求的专业。过去，高校的学科专业是因教师而设，即因为学校聘请了某学科专业的教师，所以学校要报请教育主管部门开设相关的学科专业，进而再招收学生。现在，高校的学科专业是因产业发展需求而设，专业的背后是教师，调整专业的潜台词是调整教师，让被调整的教师"转业"或"失业"。

虽然从长期来看，教师与学生、学校休戚相关，教师深化产教融合有利于提高人才培养产教融合的水平，促进学生就业，增强高校的市场竞争力，从而增加自身的福利——获得尊重、稳定工作、晋升职位和增加薪酬等。但是，以短期来看，大学教师属于高层次知识分子，传播和创新知识以及提高精神境界是大学教师的职责与追求，所以其比较注重求知和道德修养等精神境界的满足。同时，教师是教学的引导者，教师教学的对象是学生，教师在工作中接触最多的也是学生，教师理所当然希望获得学生的尊重。从人的"经济人"特性看，教师和其他行业企业的职员一样，追求基本的物质需求，也希望能自我实现、获得领导认可和职位晋升，同时履行好自己的责任。此外，由于高校教师的收入有限，物质需求的满足和个人利益的实现也不能忽视。高校深化产教融合，增加了教师的成本，伤害了教师的利益，且没有为教师提供相应的奖励或补偿，这在很大程度上降低了教师的产教融合动力。

第五节　基于学生层面的利益分析

一、产教融合中学生成本分析

在产教融合中，用于学生的成本并不高，主要是参与实习的一些成本。其实，从理论上来讲，学生参与实习的费用应该由企业承担，但笔者在调查中发现，有些企业在承担学生的管理费用、食宿费用上采取的是百分比的方式，即企业承担大部分，学生承担小部分。虽然学生需要承担的部分并不多，但同样包含在学生的成本之中。

（一）管理费用

在上文提到的企业成本支出中，有一项是管理费用，其实对于高校而言，同样需要一部分管理费用的支出。有些高校和企业并未收取这些管理费用，但有些高校和企业会向学生收取，一般都在几百元，费用并不是很高。当然，管理费用的收取和企业以及实习的岗位存在一定的关系，技术含量低的工作岗位实习的学生向学校或企业缴纳的实习费用相对较低，随着技术含量的提高，实习学生就要相对高地向学校或实习单位缴纳实习费用。

（二）食宿费用

笔者通过调查发现，不管学生是实习还是在校学习，每年都要向学校缴纳住宿费，也就是说，学生如果参与了顶岗实习，学生在企业期间的住宿费用是不包含在向学校缴纳的住宿费用里的。当然，在学生去企业实习的之前，企业都会为学生安排好住宿的地方，大多是职工宿舍，所以虽然有些企业会向学生收取费用，但也只是以管理、水电等名义收取少许的费用。至于在伙食上，企业也多是向学生收取一些购买食材的成本费用，这部分的费用同样很低。

二、产教融合中学生的收益分析

学生作为产教融合的主要参与者，在理想的产教融合中是拥有"较高的收益性"的。确实，产教融合都是在围绕培养人才这一最终的目的进行，学生作为产教融合的产品，他们的收益包括有形收益和无形收益。

（一）有形收益

学生的有形收益主要是学生在参与顶岗实习期间获得的工资收益。"顶岗"即"顶替在岗员工的岗位"，也就是上岗工作的意思。所以说学生在顶岗实习期间和企业在岗职工一样可以获得工资收入，这些用金钱可以直观看到，所以它属于有形收益。虽然多数企业支付的工资并不高，但同样属于学生的收益，并可以用此支付管理以及食宿费用。

（二）无形收益

学生参加实习获得的有形收益即金钱收入并不多，其最大的收益莫过于技能的培养、经验的积累与自身的成长。高校的学生参与校企合作，先是在学校学习理论知识，如果学校再能定期安排一些企业生产管理人员到学校为学生讲解实际生产过程中的方法和技巧问题，学生可以把抽象地理论知识应用到企业相关人员的讲解中。这样，学生就会不满足于理论的学习，进而产生自己动手操作的欲望。之后学生进入企业顶岗实习，因为自身具备了较好的理论基础，经过在生产实践中摸索，积累生产技能，同时，因为有企业相关指导人员的现场指导教学，逐渐观察出如何解决在实际生产过程中遇到的问题和困难，进而能够成长为一名掌握生产知识和技能的"熟练型"人才。在调查中笔者发现，多数学生认为通过顶岗实习有助于理论联系实际、提高实践操作技能、更快适应企业岗位工作；还有少数学生通过参与顶岗实习直接获得企业文化的熏陶，感受企业的生产文化、管理文化、员工文化，进而提高自己的职业文化素养，并且在实习中提高了团队合作意识，这些在学校学不到的东西都通过到企业实习而切身感受到，为学生毕业后真正进入企业工作奠定了良好的基础。

第六章　推动产教融合人才培养模式的策略

第一节　完善产教融合的机制

一、完善产教融合机制应遵循的原则

（一）坚持教育性原则

"教育性"最早于 1806 年由德国教育学家赫尔巴特提出，他认为在教育教学中，教学与道德两者缺一不可，应将两者有机结合到教育中，应遵循教育性教学理论①。在高校产教融合中，教育教学的关键在于对"教育"的理解和把握。人是教育的对象，教育的本质是一种培养人的活动。产教融合作为高校的一种人才培养模式，仍需遵循教育的本质属性，需坚持教育性原则。在高校产教融合中教育性原则可理解为：从事高等教育及在高等教育产教融合过程中，教育工作者除需有意识地对受教育者完成知识传授、技术技能培养外，还应承担对培养受教育者综合素质及通用能力的职责，如学前教育专业的人才不仅需要培养教学能力，更要培养作为一名教师的职业道德素养。

高等教育需要与行业企业开展产教融合的重要原因在于实现技术技能型人才的培养，满足行业企业、劳动力市场对人才的需求。在高等教育产教融合运行过程中坚持教育性原则的目的在于防止以纯粹的技术技能训练代替教育。因为教育与训练具有本质的区别，教育不仅重视能力，更注重人在精神层面的转变，重视学生综合素养的发展；训练注重的是人在技能层面的提升，重在练技。坚持教育性原则要防止简单地把人工具化为机器，训练学生短期、单向的职业技能，这无助于学生适应未来职业发展所需能力的培养。因此，要求在高等教育产教融合过程中建立科学合理的教育教学质量评定体系，出台量化通用能力及综合素质能力测评的标准，且通用能力及综合素质能力占据一定的比

---

① 张倩.中职学校校企合作运行机制研究 [D].上海：华东师范大学，2012：41.

例。此外，需要有一支高素质、高技能、高水平的"双师型"师资队伍，要求"双师型"教师既有广博精深的理论知识、较强的动手实践能力，又要具有高尚人格、具备较强的育人意识和能力，保证教育性功能的有效发挥，确保教学质量的提高。

（二）注重培养质量原则

质量是组织机构、体制机制等事物发展的根本前提和动力。菲利浦·克劳士比认为质量是指符合要求，而不是主观和含糊的"好"或"卓越"等，应该用客观的"符合与否"作为判断质量的标准。在评价事物质量时涉及符合性、适用性及经济性三个层面。符合性是指事物是否符合相关质量标准；适用性是指满足用户使用目的的程度；经济性是指事物或产品的的性能情况①。在高等教育产教融合过程中运用质量原则，用符合性、适用性及经济性三个层次去检验产教融合人才培养质量情况。用符合性检验人才培养与市场用工需求间匹配程度；用适用性检验所培养人才是否适应行业企业相应岗位的具体工作；用经济性检验人才将创造的经济效益情况。在高等教育产教融合中，注重培养质量原则包括注重高校自身人才培养质量和产教融合培养质量，高校人才培养质量影响着产教融合培养质量。

高校注重产教融合质量的原则不仅体现在高校自身专业设置、教学层面、管理质量等微观方面，还要求高校在宏观上将产教融合办学模式提高到一定层次，需要合理开发和运用高校自身与行业企业的优势资源，提高为高校学生、行业企业、政府及社会经济发展服务的能力。同时，不能不顾实际，盲目地与企业合作，为了产教融合而产教融合。高校要避免片面追求合作行业企业的数量、合作的规模以及合作的速度等短视行为，应在保持自身优势资源、提高自身质量的同时，注重提高与行业企业、商业协会以及培训机构等多方主体合作的质量及合作的深度，注重与地方政府、行业企业、商业协会等主体形成互利共赢，注重可持续和长远发展，注重兼顾社会效益和经济效益的合作关系。

（三）遵循市场发展规律原则

毋庸置疑，高等教育的发展与产业经济的发展密切相关，高等教育的发展源于经济社会的发展需求，又推动着经济社会的前进与发展。从市场发展的规律来看，市场性将成为高等教育的一个必然属性，因为在一定程度上，高等教育人才培养是否具备"市场性"，是否符合市场发展需求成为评判高等教育教学质量的标准之一。当前，我国实行社会主义市场经济，要求将高等教育的人

---

① 宋祥彦.对克劳士比四项质量原则的思考[J].标准科学，2009（7）：44-49.

才培养活动置身于市场环境中。因此，高校产教融合过程中，需要遵循市场发展的规律，确保高校培养的毕业生与市场行业企业的人才需求相适应。

为提高高校产教融合的质量，高校应遵循市场规律，密切联系行业企业，了解行业企业的发展动态、技术瓶颈、人才需求等状况。作为高校产教融合合作主体之一的行业企业受诸多主客观因素的影响，包括行业企业内产品生产和社会服务、政府相关政策法规的不完善等因素影响，企业参与产教融合的热情不高。为吸引企业的参与，赢得发展资金，高校需主动与行业企业靠近，在改善自身人才培养质量的基础上，争取提高企业参与高校产教融合的积极性和主动性，承担更高的产教融合潜在风险，承担更多的产教融合任务和职责。

此外，基于市场性出发，高等教育产教融合的发展过程应是高校与行业企业等多元主体间资源的相互利用和相互依赖的过程。高校与行业企业等多元主体间应基于互补性稀缺资源，形成互利互惠、相互依赖、共同发展的良性动态互动关系。因此，高校应在行业企业等多元主体利用和依赖高校设备与学生等优势资源的同时，对企业、商业协会、政府等相关部门的优势资源加以利用，如利用人力资源与社会保障局的统计数据，借助第三方机构分析劳动力市场人才需求情况、高校人才与市场需求间匹配情况，预测未来人才需求情况，实现产教融合质量的提高、实现合作关系的持久开展、实现"产""教"的共同发展。

二、建立校企"双师"双向交流机制

校企共同修订完善《关于"双师"双向交流的实施意见》等文件，不断完善"责任明确、管理规范、成果共享"的"双师"双向交流机制。聘请企业人员承担实践教学任务，与学校教师共同开发实践教学课程内容，负责学生实践能力训练指导；专任教师到合作企业一线实践，提高教师实践能力，并承担企业员工继续教育的培训工作。通过校企合作实现专任教师与企业人员对接，解决"双师"素质教师队伍建设问题，构建校企教学研究团队，深入开发实践教学体系，共同开发和实施工学结合课程，提高教育教学水平。下面，以学前教育专业为例，就校企"双师"双向交流机制做进一步的论述。

（一）师资交流

1.高校教师到幼儿园

学校选派教师到合作的幼儿园企业学习锻炼，通过在一线的学习和实践，了解当前幼儿园教育的现状，了解一线教师所使用的教学方法，然后和自己的理论知识相互印证。各院部根据教学任务的安排情况，每年选派一定的教师到合作的幼儿园锻炼学习，并出台诸如"教师进企业挂职锻炼管理程序"等相关文件，明确相关管理要求。可以优先安排无实践工作经历的教师作为驻点带队教师到相关单位管理学生的实习，而教师要优先考虑借助于带队实习的机会，加强与幼儿园的联系，深入幼儿园锻炼实践能力。

同时，各院部及学校教务处、人事处、科研处、督导处等职能部门要不定期地到合作幼儿园走访，了解教师在幼儿园的工作、学习情况，包括到岗情况、工作内容、工作纪律和工作成效等，探讨交流、解决问题。教师进企业实践结束，要撰写总结并填写《学院教师进企业实践考核表》，增进企业实践效果的证明材料，如完成课题的报告或论文、搜集有利于教学教研的案例材料、与幼儿园合作共同开发的课程体系等。各院部、教务处、人事处等有关部门对教师进企业实践的情况进行综合考核，评定考核结果。有下列情况者考核为不合格：如实践时间内，学校检查或抽查到教师不在岗，且经核实事先没有向所在院部办理请假手续；教师在实践时间内，不遵守实践单位规章制度，造成投诉并影响恶劣或导致学校形象受损；未完成进企业实践有关任务。

教师从幼儿园实践回校后，可以在院部范围举行进企业实践成果汇报会，汇报自己的实践情况、收获与体会。对于教师在进幼儿园实践期间的待遇，可以提前拟定《绩效考核办法》等文件，并按照有关规定执行。对考核不合格的教师，扣减或不计绩效津贴；对成绩显著的教师，学校按其贡献给予适当奖励。

2.幼儿园优秀教师进高校

学校可以聘请合作幼儿园的优秀教师到学校担任兼职教师，传授实践技能和知识技术的应用，承担部分专业实训课及相关课程教学任务。积极推介优秀教师为企业职工进行培训，也可推介学校高层（院、部领导）担任企业顾问，定期进行系列讲座，并创造专任教师和兼职教师交流的机会，使他们互通有无、取长补短。

对于外聘兼职教师的任职条件，首先要具有良好的师德，毕竟为人师表者，如果其师德不合格，又怎么能够教导出好的学生，又怎么能够教导出合格的准教师？其次是敬业精神，虽然是兼职教师，但同样具有教导学生的责任，不能将其看成一份挣外快的工作。最后则是实践教学能力，因为其任务是实践课程教学，实践教学能力自然不可或缺。

至于外聘兼职教师的管理，可以由学院、教务处、督导处和组织人事处负责；各院按统一的要求建立起本学院外聘兼职教师档案；组织人事处汇总并建立全校外聘兼职教师档案库；各院具体负责兼职教师的日常管理工作；每学期召开一次外聘兼职教师工作会议，了解外聘兼职教师的教学情况，通报学校教学信息，总结教学工作；教务处负责审核和检查兼职教师的教学工作量；督导处和院共同监控兼职教师的教学质量；督导处、各院根据教学计划的要求，应不定期抽查和了解外聘兼职教师的授课情况和课程辅导、作业批改等情况，检查教学质量；对学生意见强烈、教学效果差或严重违纪的外聘兼职教师，由督导处、各院研究后及时予以辞退，并由各院做好后续工作。

（二）教学交流

1.实习实训指导

在与幼儿园签订合作协议后，结合幼儿园的实际情况制定顶岗实习、工学结合计划（包括学生人数、专业、实习时间、实习内容、负责人等），经双方确认后执行。实习期间，校方需派出实习带队老师负责具体实习实务，保证学生遵守有关法规和幼儿园的管理制度。幼儿园派经验丰富的教师指导学生实习，提高学生的实践能力，积累实际经验。

2.共建课程体系

学校可以聘请幼儿园富有经验的优秀教师实施弹性教学安排，灵活安排教学时间，与高校教师共同开发实践教学课程内容，负责学生技能训练指导，承担实践教学任务，确保优秀兼职教师到校上课。专任教师到合作幼儿园顶岗实践期间，可以参与幼儿园教学方法的改进，并承担幼儿园教师的继续教育等培训任务。

三、建立健全的自组织机制

自组织机制是指，作为主要办学主体之一的高校在与社会大环境进行物质与信息交换过程中，通过产教融合等内在子系统的相互协调作用，自行调整高校内部结构，提高其适应经济社会、劳动力市场发展需求的能力。随着社会市场经济的不断发展与成熟，现有教育教学模式所培养的人才难以满足产业经济发展对人才的需求，这要求高校主动适应产业经济的调整与发展，不断调整内部结构，如优化专业设置、完善课程结构以及调整人才培养方案等，以保持与社会经济发展的平衡。通过产教融合，高校能更高效地了解到社会对人才类型的需求情况、产业发展对人才技术水平的要求等。因此，高校在与行业企业构建产教融合合作关系时，应在市场的宏观调控下，不断适应市场形势，建立起适合自身发展需要的自组织机制。要使自组织机制在产教融合运行中发挥重要作用，需从以下几方面着手：

（一）根据职业标准，完善课程体系

课程体系在高等教育的发展中起着举足轻重的作用，是人才培养的基础环

节，是实现高校人才培养目标的前提和基本条件。从某种层面上来说，课程体系要与职业标准实现某种程度上的对接，如学前教育专业课程体系的设置，要与幼儿园教育相对接。学前教育专业产教融合的发展，需要完善这一对接，实现高校课程内容与合作行幼儿园的职业标准的对接，实现高校所培养毕业生与幼儿园工作岗位的无缝对接。因此，高校需要根据幼儿园现行的职业标准，构建高校课程体系。首先，因为学前教育专业人才培养目标的指向性非常强，指向的便是幼儿教师，就业的方向也是幼儿园，所以高校课程的设置首先要以就业为导向，根据相关专业对应幼儿园岗位需求，有针对性地设置课程内容。其次，高校课程应根据幼儿园用工需求，设置毕业生职业能力的培养目标，保证课程内容具有一定的先行性特征。再次，高校课程设置要以培养实践型人才为主要目标，提高实习实训课程的比例。最后，高校需要及时调整和更新课程内容，提高学生教育实践能力培养的针对性。

（二）根据市场需求，提高办学灵活性

市场对人才最直接的需求是毕业生能实现由学习向工作岗位的直接转变，实现学生与员工的无缝对接。简言之，即企业需要能直接上岗工作的"成品毕业生"。以学前教育专业来说，学生指需要简单的培训便可以胜任幼儿教育的工作。目前，部分师范类高校的教学仍重理论、轻实践，这一教学形式不利于学生实际操作能力的培养，不利于高校毕业生由学习向工作岗位的转变，也不利于上文笔者提到的毕业生与幼儿园工作岗位的无缝对接。因此，要根据市场需求，改革现有教学法，加强项目教学法、任务驱动教学法等实操性强的教学方法的应用，提高学生的实践能力，就显得非常有必要。此外，适时适量安排学生参与到产教融合合作幼儿园的实际教学过程之中，让学生接触到真实的幼儿教育环境，以利于学生到幼儿教师身份的转变。总之，借助产教融合办学模式，发挥高校办学的灵活性，有针对性和指向性地面向就业市场需求培养人才，适当调整人才培养模式、教学方法等。

四、完善产权机制

法学中提到的产权是狭义的，用来指物权，经济学中提到的产权是广义的，不仅包含物权、债权、知识产权的所有权，还包含所有权派生在交易中的占有权、使用权、收益权和处置权，主要用于规范各行为主体由物的存在及使用所引起行为关系，明确规定了相关主体的责任和利益，促使各主体严格遵守，减少冲突。教育产权是各行为主体在教育活动中对各种财产的占有、使用、收益和处分的权利，规定的是教育活动的相关主体间权利关系及各权能拥

有者处分财产的自由。产教融合中的教育产权主要指为实现培养社会所需人才的物质权和人才培养过程中生成的各种类型的财产的所有权，以及为调动政府、学校、行业企业积极性从财产所有权中划分的占有、使用、收益、处分的权利。本书所涉及的产权研究只限定于高等院校，研究这些高校在教育活动中涉及的财产和资源的所有权。

（一）完善学校主导型合作模式产权机制

学校主导型合作中，研究型、教学科研型大学作为我国高新技术创新的源头，在合作中占比较优势，权益能够得到较好的保障，但是合作中市场意识不够强，忽视市场规律对企业发展过程中的重要性，致使科研成果的适应性较差和转化周期较长，影响到企业的收益；受信息不对称等因素的影响，学校参与合作的收益也会受到一定的影响。在此背景下，如何完善保障合作主体之间权利配置成为重要的研究内容。

1.建立健全产权价值评估体系

对双方合作中研发的科研成果进行价值评估，是促进企业运营发展的关键。一方面，通过产权价值评估，加深企业对科研成果经济价值的认识，从而制定高效精确的市场策略，减少因信息不对称带来的低价值成果换取高收益交易的发生，降低对企业人力、物力资源的浪费，保护企业的利益；另一方面，产权评估能够保护科研成果，遭遇侵权纠纷时，可以作为索赔依据，减少同行业企业模仿带来的损失。

校企合作中，双方投入的要素对合作成果的产权化和商品化起着积极的推动作用。建立有效的价值评估组织，通过评估组织以及行业协会对合作成果的市场价值以及双方投入的关键要素的价值进行科学合理的评估，以此来确定双方在合作中投入的比重，减少科研技术投入生产带来收益因信息不对称导致道德风险的产生，保障了学校的收益权。结合研发过程中承担的风险，按照付出人力物力越多，价值越高；承担的风险越大，价值也应越高来进行分配，从而确定最终的利益分配方式，加强校企合作的深度。

2.加强沟通，增强双方的合作意愿

学校和企业各有优势，为了整合自己的资源，发展各自的优势，互利共赢。虽然在确立合作关系时，双方通过合约已经初步明确了各自的工作任务和责任，但是在合作过程中，由于参与合作的高校和企业有着不同的文化背景和价值目标，随着合作的深入，导致合作行为有可能会出现某些偏差，如果对这些偏差置之不理，会严重影响合作关系的发展。因此，深刻理解各自的工作任务以外，加强沟通，能够更清楚合作另一方的进展，降低合作中因信息理解偏

差带来的风险，紧密结合市场所需进行科研和人才培养，增进相互了解，减少误差，提升市场适应力，增强信任，加深合作意愿。

（二）完善行业企业主导型合作模式产权机制

产教融合需要投入大量的资金，合作资金主要来源于政府的财政支持和企业自身的资金投入，学校主要响应政府号召和结合社会需求，培养高质量的人才。在参与者控制模式中，对于中小企业来说，企业自身能力有限，合作中极易因风险和经费等问题影响人才培养目标的实现，对此，研究如何保障利益、降低风险以促进合作是主要课题之一。

1.共同开展研究成果的推广转化工作

在合作博弈中，双方的地位不对等，为促进合作的有效进行，不管是谁来主导合作项目，处于强势地位的一方不应压制对方，使双方在分配利益方面享有公平和平等的发言权，充分发挥双方在合作中的优势，共同创造更多价值，降低合作风险。在校企知识产权合作过程中，培养人才的重要目的是适应市场对这类人员的需求，要求高校紧跟经济发展的新趋势，及时将新经验引入教学。这要求学校加强与企业在科研以及技术服务等方面的合作，提高科研水平，更好地为企业的发展服务。

2.增强企业在人才培养中的权力

在高校与企业合作的过程中，学生进入企业进行生产实习，实习生这一角色管理权属于学校，企业无法自由控制这部分劳动力，对学生的管理必须在学校指导或经学校同意的前提下进行。提升企业对劳动力的支配权限，转变学生的实习身份，以企业的准员工进行实践，赋予企业自由支配的权利。以实习协议来规范学生的实践学习，提供深层次的实习岗位，企业自主管理实习生，自主决定实习内容及考核标准，有利于提升培养人才与合作企业的用人契合度，降低合作风险。企业拥有实习生的管理权可以将实习生纳入企业的管理体系中，避免培养过程与企业利益最大化目标的冲突，在实习期形成对培训企业的认同感，减少培训结束后的人才流失，保障培训企业人力资本使用权的实现。

五、构建动态的人才供求机制

从教学质量出发，学前教育专业需契合幼儿教育市场现有及未来将产生的用工需求情况，构建动态的人才供求机制。实现学前教育专业教育人才的"供"与幼儿园市场用工的"求"的供求平衡是产教融合的重要目标之一。供给与需求是产教融合的两个基本要素，实现供需平衡是产教融合有效运行的基本条件。高校人才供需涉及两个不同的层面，即幼儿园发展需求与高校发展需求，两者是分属于不同层面的不同组织，需协调两者的供需关系。因此，在学前教育专业产教融合过程中，高校应联合行业企业、行业协会等共同研究幼儿教育的市场需求，构建科学合理的动态人才供求机制，满足幼儿教育发展对学前教育专业人才的需求。在产教融合动态供求机制的构建过程中，应注意做到以下几点：

（一）基于市场现有需求构建供求机制

从社会市场大环境来看，学生所学专业、掌握技能、综合素质、就业能力等因素会影响用人单位对其的需求。同时，用人单位的发展前景、薪资待遇、工作环境，以及学生对企业的期望等会影响学生是否选择该企业。这直接构成了用工市场和人才培养市场间的供需关系，即高校毕业生在就业市场中寻求合适的工作岗位，劳动力市场则根据自身发展需要及供求情况，调配生产、服务等行业中的人力资源配置。而具体到学前教育专业，也有更细化的分类，自然也存在不同的供求关系，如早教类、双语类、艺术类等。总而言之，供给与需求间的相互协调与平衡，会影响高校的招生规模和专业设置情况，高校要根据用工需求情况，借助动态人才供求机制动态的调整人才培养目标、方向和规模等，提高高校人才培养的适应性。因此，高校在产教融合过程中，需要充分重视劳动力市场需求及变化情况，准确了解市场用工需求信息，以此指导高校的办学定位、办学规模、专业设置、教学模式及课程体系等，提高高校竞争力。

（二）基于市场需求预测构建供求机制

高校产教融合动态人才供求机制构建的目标之一是实现准确预测未来市场的需求情况，提高高校人才培养与市场需求的契合度。由于近些年来社会经济发展迅速，知识更迭加快，而人才培养具有较长的周期性，这就要求高校对市场未来人才需求情况有较准确的预测，并以此为依据设置和调整人才培养的方向、目标、规格等，而与市场需求适应与否也决定了高校人才培养是否有效。以教育行业的发展为例，随着信息技术的不断发展，信息化教育已然成为必然的趋势，而幼儿教育作为教育中的组成部分，自然也会融入信息化教育的大潮，这就要求学前教育专业在培育人才时要注重学生的信息技术素养。因此，在考虑人才供求关系的时候，不能仅仅将视线停留在当前，还要关注社会发展的趋势，预测市场发展对人才需求的影响，并由此建立完善人才供求机制。

第二节 借鉴国外产教融合的经验

一、国外产教融合模式的深入剖析

在本书的第四章，笔者从政府职能的角度切入，已经简要介绍了国外的一些产教融合模式，在本节中，将就国外的产教融合模式做进一步的分析和论述。

（一）德国"双元制"模式

1. "双元制"模式的内涵

"双元制"模式是指高等职业学校与企业协同构建职业教育，用人单位和高校、教师与企业培训人共同培养学生，学生具有双重身份，旨在最大限度地利用学校和企业的条件和优势，强化理论与实践相结合，从而培养既具有专业理论知识又具有专业技术和技能以及解决职业实际问题能力的高素质技术人才的一种教育制度。具体而言，"双元制"的职业教育内涵表现在以下几个方面：

①两个培训主体。即企业和职业学校。

②两种教学内容。在企业主要是传授职业技能和与之相关的专业知识和职业经验；职业学校的教学内容除专业理论知识外，还包括普通文化知识。

③两种教材。即实训教材和理论教材。培训企业使用的是联邦职业教育研究所编写的全国统编教材，以便确保达到统一的培训标准和产教融合的水平；而职业学校使用的理论教材则是由各出版社组织著名专家编写的，没有统一的全国或全州统编教材。

④两种实施方式。企业遵循联邦职业教育所制定的培训条例来培训；职业学校则遵循所在州文教部颁布的教学计划组织教学。

⑤两类教师。即实训教师和理论教师。企业培训的实训教师是企业的雇员；职业学校的理论教师是属于国家公务员。

⑥两种身份。即企业学徒和职校学生。

⑦两类考试。即技能考试和资格考试。技能考试是针对企业培训的，考试方式和内容以其在企业接受的实训内容为主，目的在于考核学生对所学技能和专业知识实际掌握的程度，一般由行业学会负责实施；资格考试则是针对职业

学校的专业理论知识的传授，内容包括所学各科，方式包括笔试和口试，由学校组织实施。

⑧两类证书。即考试证书、培训证书和毕业证书。考试证书一般与学习和培训地点无关。凡通过相应的职业培训结业考试者，都可获得由行业协会颁发的国内外承认的证书——技术工人证书、伙计证书和商务办事员证书等。培训证书和毕业证书则是由培训企业和学校颁发的与培训和学习地点有关的学历证书。

⑨两种经费来源。在企业的培训费用全由企业承担，企业除了负担培训设施、器材等费用外，还必须支付学徒工在整个培训期间的津贴和实训教师的工资等；职业学校的经费则由国家和州政府负担，通常是州政府负担教职工的工资和养老金等人事费用，地方政府负担校舍及设备的建筑与维修费用和管理人员的工资等人事费用。

⑩两个学习地点分别受两种不同类型法律的约束。企业培训受《职业教育法》的约束，职业学校则遵循《职业义务教育法》。

可见，德国的"双元制"职业教育在整体的培养目标上是合二为一的，但在具体的教学过程中则又是一分为二的，表现出明确的双元属性特点。借此最大限度地利用各自的条件和优势，既使学生在实训氛围中获取有价值的实践经验，又能通过在学校系统的专业知识学习，打下坚实的理论基础，培养敏捷的思维能力与掌握科学的方法，从而很快适应毕业后的工作。

2.德国"双元制"模式的特点

（1）教育同生产实际的紧密结合

德国"双元制"是一种以实用为本位的职教模式，强调技能和实践能力的培养，旨在培养学生将来在社会上就业、适应、竞争和发展的能力，在工作中具体发现、分析、解决和总结问题的能力及其操作、应用、维护和维修能力，以及独立、协作、交往、自学等一系列关键能力，即一种为就业和直接通向生产岗位为未来而工作的教育。为此，在"双元制"模式下，学校敞开大门开放办学，密切与社会、企业的联系，和企业或用人单位协同完成教学及实践过程，学生走向社会实践，大部分时间在企业进行实践操作技能培训，而且所接触的是企业目前使用的设备和技术，培训在很大程度上以生产性劳动方式进行，从而减少了费用并提高了学习目的性，使学生既学到基础理论知识，又掌握实际操作技能并有利于学生在培训结束后随即投入工作。这样既能培训出合乎社会需要的技术应用型人才，又节约教育资源，避免了人才浪费。同时，联邦政府还发动社会力量（包括同业工会、行业协会、地方政府和相关部门）

共同关心和支持办好职教，形成合力，共同承担义务，推动职教健康、快速发展。

（2）科学的专业设置及课程设计

为确保专业设置的科学性与相对稳定性，体现专业设置的综合性和适应性，德国以职业分析为导向，确定"双元制"的培训职业。职业分析是确认、定义、描述社会职业所含任务及作业项目的科学分析过程。通过职业分析，通常将一个或若干个社会职业归结为一个职业群，一个职业群对应一个"专业"，即德国所称的"培训职业"。这样既可以清楚地了解到构成任何一种职业的主要活动内容，明确地分辨出支撑该职业的知识与技能，又能够确定相邻社会职业的技能知识联结点，为社会职业归类及职业群的确定奠定基础，为专业设置提供了依据。德国政府为了适应科技进步、产业结构不断变化、社会职业出现综合的趋势，针对许多传统的职业逐渐消失，新兴职业、交叉职业不断出现的情况，力求专业设置与社会经济的发展动态相适应。为此，德国政府每隔一段时间对培训职业进行重新界定。

"双元制"职教模式特别重视学生的实践性环节，这也是能培养高素质学生的关键。科学的课程设计把实践环节摆到最重要的位置。学生在三年半的学习时间内，理论学习与实践操作的比例达到 3 ∶ 7，三年半中的七个学期，第一、二个学期，每周两天在学校理论学习，三天在工厂操作训练，在接下来的四个学期里，每周一天半在学校，三天半在工厂，最后的一个学期全部在工厂操作实习①。为了给学生提供更多的操作训练时间，企业与学校在寒暑假期间也给学生提供了专业实习的时间和空间，充足的操作训练时间和完备的硬件为培养学生的动手能力、创新能力及人际交往能力打下了良好的基础，这样真正实现了从学生到员工零距离的过渡。

（3）完备的法律、法规

德国"双元制"是由严格的法律、法规体系来保证的。其中培训企业应遵循联邦政府的法律要求，受《职业教育法》的约束，由联邦统一的私法规定。另外，因企业培训绝大多数是在私营企业里，是建立在民法性质的培训合同基础上，故培训企业主与学徒间的培训关系由职业培训合同进行调整；而职业学校为州一级的国家设施，遵循各州法律，其法律基础是各州的《学校法》《学校义务教育法》等，因职业学校大多是公立的，是建立在公法标准的基础上，

---

① 朱保华.德国"双元制"职业教育模式及其启示[J].产业与科技论坛，2006（3）：113-120.

故学校职教是按公共教育法进行，由各州的公法规定。企业培训与和学校教育分属两个不同的法律范畴。自 1969 年颁布《职业教育法》后，德国又相继出台了与之配套的法律法规，诸如《企业基本法》《培训员资格条例》《职业教育促进法》《实训教师资格条例》《职业教育改革法》及新《职业教育法》等，使职业教育真正做到了有法可依、依法治教、违法必究的法律体系，以法律形式完善了职业教育的管理和运行，促进了职业教育健康有序地发展。

（二）英国"三明治"模式

1."三明治"模式的发展

英国的德斯塔和帕特尔在《英国的大学和产业的联系：什么是与产业互动的各种因素》中认为，在讨论产教融合的问题中，经常使用的是协同研究、依托企业等几种形式，莱特等人在《中范围大学与产业的联系：知识类型和中介机构的作用》中从受培训者的技术掌握程度分阶段研究了其与企业合作模式的选择，认为在技术处于初级阶段的时候应该采取共同研究的模式，处于中级阶段即推向市场的阶段时应采取合作与委托的模式，处于高级阶段即宣传阶段时则应该加大力度宣传。关于英国的产学研合作教育模式，目前众人所熟知的主要是这三大类："'三明治'教育模式""教学公司模式""沃里克教育模式"。其中，"三明治"教育是英国发展最早、影响最为深远的产学研合作教育模式，因而被当作英国产学研合作教育模式的代名词。时至今日，英国的"三明治"教育发展了一百多年，已经完美地融入了英国高等教育体系中，成为英国高等教育不可或缺的重要组成部分。

"三明治"教育之所以被称作"三明治"，是对其半工半读、学工交替式课程设置模式的一种形象比喻。"三明治"教育的演进与发展有一个较为漫长的历史，可以分为以下几个阶段：

① 20 世纪初至 20 世纪 50 年代："三明治"教育的萌芽和艰难起步期。

② 20 世纪 60 年代至 70 年代："三明治"教育的快速增长期。

③ 20 世纪 80 年代至 90 年代："三明治"教育的成熟发展期。

④ 21 世纪初至今："三明治"教育的繁荣稳定期。

20 世纪初，随着社会对技术工人的巨大需求，英国部分技术学院开始尝试"三明治"教育模式。作为少数学校的单方行为，这种有别于传统知识传授的教育模式，发展之初并未得到产业界的有力配合，发展举步维艰，直到 20 世纪 50 年代，英国政府确立国家技术教育体系，"三明治"教育才开始慢慢发展起来。1956 年英国政府出台了《技术教育白皮书》，正式确立了"国家技术教育体系"的基本雏形。《技术教育白皮书》的出台不仅提升了技术学院的地位，也充分肯定了"三明治"教育的独特地位，指出"政府相信对于最高端的技术教育而言，'三明治'教育无疑是最为适合的"。随后于 1959 年 12 月发布的《克罗瑟报告》也对"三明治"教育有着极高的评价。

这份报告影响深远，直接助推了 1964 年《产业培训法》的诞生。该法案规定英国设立产业培训董事会及中央培训管理协会。产业培训董事会由劳资双方代表与教育专家按一定比例组成，可向所属系统的产业雇主征收 1.5% 营业额用于企业培训活动，并对培训的设施、培训协调机构的设置等方面都做出了明确的法律规定。该法案的重大贡献在于从法律和制度上解决了英国长期以来阻碍产业界参与三明治教育的训练费用问题，提高了英国企业参与人才培养的积极性。此外，三明治教育也获得了中央财政强有力的支持。

20 世纪 80 年代之后，英国政府实行大幅度削减大学经费政策，大学只得努力寻求与产业界的合作，高校和产业界的联系反而正是基于此得到加强。同期，英国人口增长迎来了第二次世界大战后的高峰期，面对激增的大学入学人数，原本颇有余力的产业界已无力提供大量的实习就业岗位，但参加"三明治"课程学生总数不断呈上升趋势，这就造成了学生顶岗工作的困难。《1988年教育改革法》和《有限助学贷款方案》白皮书出台后，英国高等教育资助政策由原来长期实施的"免费加助学金"转变为"缴学费上大学，贫困学生贷款，学生分期定额还款，银行回收贷款"，学生求学的经济压力进一步加大。20 世纪 90 年代，英国经济出现严重下滑，这让学生的实习就业安置工作雪上加霜，"三明治"教育面临着严峻的挑战。加大政府投入、吸引更多的企业提供学生工作岗位就成了"三明治"教育发展的当务之急。在这种情况下，英国出台了一系列政府白皮书，从政策导向和资金投入上加大了对"三明治"教育的支持力度。1981 年，《一个新的培训框架：行动项目》催生了"青年培养框架"的诞生，表现出一种更为鲜明的"工学联合"培养模式。在新框架下，学生将接受实习培训和脱产知识讲授两种类型的训练。政府对提供实习岗位的企业发放一定数额的补偿金。实习培训过程中，受训者可以进入接受政府资助的企业进行实地学习，并可获得一定工资。

进入 21 世纪，为促使高等教育成为凝聚国家竞争力、促进社会和经济创新性发展的核心单元，英国政府将助推产业界和学术界更为密切的合作作为政策制定的重心。英国政府以发展"世界级的技能"为主轴，出台了高等教育的改革方案。2003 年英国教育与技能部颁布的白皮书《高等教育的未来》指出，"我们的教育必须具备高度的灵活性，全日制课程、非全日制课程、'三明治'课程、远程课程都应该被包括在内，以顺应经济和社会的发展"。并对加强产学合作提出了具体的措施，指出"政府还将出资建立 20 个'知识交流中心'用以支持和鼓励高校与企业的联合"，强调"产业界应与继续教育学院加强联合，通过在职培训、产学联合培养出高素质创新型人才"。这些方案的推出呼应了英国政府提出的"21 世纪英国的整体生态资源是其高素质的人民"的改革口号，体现了政府加强校企合作，建立一个"官产学"三位一体的国家创新体系的希望，这也给"三明治"教育留下了充足的发展空间。目前，"三明治"教育在英国高等职业学校的发展相当广泛，英国大部分的高校都提供"三明治"课程供学生选择。

2."三明治"模式的特点

（1）政府的激励引导——法律保证、财政支持

产学研协同育人模式难以在市场经济环境中自然形成，学校注重学术教育和企业关注眼前利益的差异无法在缺少外部激励引导下突破，需要政府给予持续的政策介入。为了保证产学研协同育人模式的健康发展，英国政府出台了一系列法律文件，规定行业、企业在职业教育中的地位，保证了行业、企业在教育中的话语权；同时，通过财政上的利益引诱企业扩大参与职业教育活动的宽度与深度，实现校企之间的深度合作。

（2）行业协会的立体化参与——市场预测、信息反馈

行业协会由最初政府鼓励的被动性参与转变为"以行业技能委员会（Sector Skills Councils，简称 SSCs）为主体，以英国就业与技能委员会（UK Commission for Employment and Skills，简称 UKCES）为主导，以行业技能协议（Sector Skills Agreements，简称 SSAs）为保障"的自主性参与机制，成为职业教育发展的强大支撑。SSCs 涵盖了超过 90% 的英国行业，旨在考察未来劳动力市场的要求，为企业长远发展提供市场预测。UKCES 具体为企业提供咨询、经费支持以及战略、商业发展方针，促进行业内中小企业的良好发展。SSAs 详细描述了各个行业的技能缺乏和差距，为职业院校反馈劳动力市场人才需求的情况，提高了职业教育育人的针对性。

（3）校企间的通力合作——技能与理论兼顾、顺应市场需求

职业教育发展"两条道路"追求的是企业界与职业院校间真正的合作，"企业不仅是职业教育的服务者，也是创造和发展卓越职业教育项目中各个层次的参与者"。职业院校与企业协商学生的培养计划，学院提供必要的理论知识，企业负责专门技能培养，共同培育适应市场需求的劳动力资源；同时，学院也会满足企业内部职员的及时培训，提供最新的行业发展信息以及必要的理论知识。

概括来说，"三明治"模式充分体现了政府、职业院校、行业办会和企业界的联动和互动，逐步形成了政府为主导，行业协会为支撑，职业院校和企业界"两条道路"协同共建的立体化发展趋势（可参考图6-1）。

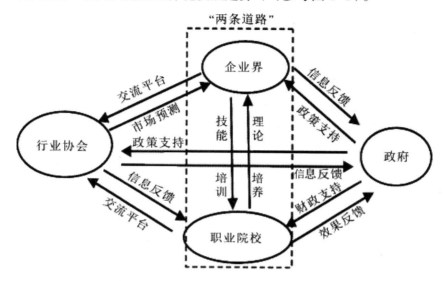

图6-1 政府、职业院校、行业协会和企业界的互动关系构架图

（三）美国的CBE模式

美国职业教育的实施机构主要是综合高中和社区学院，社区学院是美国职业教育体系的一大特色。由于美国职业教育具有大众性的特点，正是基于此，其职业教育主要是由学校或学院这种公共高等职业学校来承担，雇主参与职业教育的程度在美国一直很低，当然这与其职业流动性高也应有一定关系。美国职业教育培训的人才是"宽专多能型"，这与其社会特点相吻合。其培养模式主要是CBE模式，即"以能力为基础的教育"（Competency Based Education），简称CBE。该模式产生于第二次世界大战后，现在广泛应用于美国、加拿大等北美的职业教育中，也是当今一种较为先进的职业教育模式。

1.CBE模式的特点

① CBE模式以从业能力作为教育基础、培养目标和评价标准；通过职业分析确定的综合能力作为学习科按照职业能力分析表所列出专项能力，由易到难安排教学。

② CBE模式依据能力作为教学基础，即职业能力分析表所列的专项能力按从易到难的顺序安排学习计划。

③依据学生具有的职业经验和能力作为入学标准。

④在教学实施中，CBE模式强调学生自我学习、自我评价，教师在教学中是管理者和指导者，以学生为中心组织教学，负责按职业能力分析所列各项能力提供学习资源，编出模块式"学习包"和"学习指南"，集中建立学习信息室。学生要对自己负责，按学习指南，根据自己的实际制定学习计划，学习完成后先进行自我评价，认为达到要求后再由教师进行考核。

⑤ CBE模式强调教学方式灵活多样和严格科学的管理课程长短不一，随时招收程度不同的学生，学生自己决定学习方式和时间，如全日制，半日制，个人，小组学习，听课或自学等，毕业时间各学生也不一致，易做到小批量、多品种、高产教融合的水平。因学生入学水平、学习方式不同，所以有相当程度的个性化，这就要求必须有一套严格科学的管理制度，才能最大限度地满足教学和发挥设备的作用。

2.CBE模式的实施

CBE模式实施的工作程序如下：

①职业分析。

②能力分析，从事某项职业或工作必须具备的各种能力（一般由1～12项综合能力构成），而每一项"综合能力"又由若干项"专业能力"构成，一个专项能力又由与职业相关的知识、态度、经验和反馈4个方面组成。

③确定准入条件。

④知识性任务分析，确定学习掌握专项能力的知识领域。

⑤制定课程目标。

⑥安排学习任务。

⑦成就测验。一是诊断性评价，测试学习者入学水平；二是形成性评价，为学习者提供反馈；三是终结性评价，检验能力是否被掌握；四是检验培训材料、培训过程、教师和培训者是否适合。

⑧笔试测验，检测学习者对以技能为基础的重要相关构想的掌握程度。

⑨开发学习包，根据所列的各项专项能力，开发出指导学生掌握各项技能模块的学习材料。

⑩试验，根据学生反馈和测试以及教学中出现的问题，改进学习指导材料，在此阶段解决和纠正教学中的所有问题和困难。

⑪开发学习管理系统，让学生根据自己的情况选择，自定、自调学习计划，按照不同顺序完成学习任务。

⑫根据教学需要确定实施和评估课程方案，不断调整方案、修改内容，并对能力内容加以评估。

3.CBE 模式与传统职业教育模式的比较

CBE 和传统的以学科专业课程为基础的职业教育相比较，其更加注重系统科学的方法，把教学过程作为一个系统，注重投入、产出的过程，注重及时进行反馈调整。美国高等职业教育模式中体现了以学生为主体的思想，CBE模式重视个别化学习，以学生为中心，注重学而非注重教。在教学中承认学生的个体差异，为学生提供充足的教学资料、设施和时间，学生可以根据自己的基础和接受能力安排学习进度，选择适合自己的学习方式。学习内容、学习期限、学习计划、时间安排、进度、深度均因人而异，灵活掌握。

美国高等职业教育模式中的培养目标体现以职业能力为本位的思想，CBE 模式教学培养的就是职业能力，它可概括为整个教学目标的基点是如何使受教育者具备从事某一特定的职业所必需的全部能力，即教学基础、教学目标、教学流程、教学策略和测评标准等的制定均与职业能力密切相关，不仅强调职业技术教育要注重综合职业能力的培养，还特别强调关键能力的训练以及和他人合作能力的培养。美国高等职业教育模式注重实践技能的培养。CBE 模式教学活动基本都是在实训课堂完成，实训课堂从外观上相当于实习车间，但它们的设备、设施是符合时代要求的。CBE 模式教学注重实践技能的培养，并非排斥理论知识，而是以专业技能服务和"够用"为原则，根据岗位要求的能力确定传授理论知识的程度。与传统教学相比，要删除和压缩的只是陈旧的理论内容与课程，以便增加实践技能培养的时间。美国高等职教育模式中的条件是注重校内外教育教学的资源的整合。CBE 模式注重整合教育教学的资源是由其培养目标决定的。CBE 教学的着眼点是培养学生的职业岗位综合能力，而能力的培养，要求必须具有相应配套完善的实验及实习设施和场所、完善的教学条件、现代化教学手段，各专业学校必须建立实验室、实习厂（场），让学生进行操作，通过对学生的初步训练，培养其实际工作能力。同时，CBE 与社会有关业务部门建立长期稳定的协作关系，为学生提供从事实际工作的机会，从而达到进一步培养学生职业岗位能力的目的。

美国高等职业教育模式中的培养方式是注重师资队伍建设，对从事高等职业教育的教师任职资格都有严格的标准，要求教师具有教育家、专业技术人员、熟练工人三种职业所需的素质与能力。同时，对从事职业技术教学的教师提出了更高要求，教师不仅要完成教学任务，而且应有学校管理、组织开发、处理与外部培训企业及与学生的关系等各方面的能力。

在 CBE 教学中，教师起的作用是指导、判断、建议和评估，要考虑教学计划的制订，教师从以课堂讲授理论为主，到亲自示范、指导学生、培养学生的能力为主。教师经常进行科研活动，有自己的实验示范基地，并坚持到生产一线去指导实践，在实践中不断提高自己的动手能力。

（四）加拿大合作教育模式

1. 加拿大合作教育模式的产生与发展

加拿大最早实施合作教育的学校是位于安大略省的滑铁卢大学。1953 年，时任滑铁卢学院院长的 Joseph Gerald Hagey 与企业界的朋友协商决定为了扩大高等教育的就学机会、解决企业急需工程技术人才以及缓解就业压力，效仿美国辛辛那提大学，引入合作教育计划。在合作教育发展初期，加拿大政府没有从法律层面给予资助，但是有的省对参与合作教育的学校提供了种子基金，从而可以从其他方面来鼓励学校积极参加合作教育。而对于参加合作教育的雇主，政府会减免一定的费用。后来，加拿大在 1973 年成立了加拿大合作教育协会，从立法上开始保障合作教育的顺利实施，也鼓励高校和雇主积极参加合作教育，如 1977 年的不列颠哥伦比亚大学就设立了关于合作教育的启动资金，来资助一些女生选择参加工科类的合作教育高校，由于女生的加入，使得当年该校参与合作教育的学生人数倍增。1983 年，加拿大政府提出了加拿大职业与就业增长计划，其中提到雇主接受合作教育的学生就可以得到一部分的退税。到了 20 世纪后期，加拿大参与合作教育的高校进一步增多，但多限于工科类别。而到今天为止，加拿大参与合作教育的大学工科、理科、文科都有所涉及，甚至一些研究生课程也会采取合作教育模式。

2. 加拿大高校合作教育的实施过程

加拿大高校合作教育的实施过程非常严密，各个环节都有细致的安排，这与加拿大高校几十年的研究和探索分不开。由于加拿大参与合作教育的高校都严格按照该程序实施，因此其合作教育可以有条不紊地进行。

（1）新生的录取

在新生录取方面，加拿大高校有着严格的规定，申请参加合作教育的学生首先是加拿大的公民，或者是移民者；其次，学生必须是全日制的。学生在符合上述条件后，自愿向学校提出书面申请书，在申请书中要将自己的参与合作教育的意愿以及成绩上报给学校，方便学校进行筛选。在初步筛选后，学生需要参加学校组织的各类考察能力的考试，包括口试、英语和法语等，在口试中学生的各项能力都可以被测试出来，如语言表达能力、人际沟通能力和交往能力等。如果学生具有极其强烈的参加合作教育的愿望，学校也会慎重考虑。一旦通过考试，学生就直接被录取。

（2）学习学期

加拿大参与合作教育的高校基本都是将一学年分为三学期，每年9月份开学。在加拿大参与合作教育的高校基本都实行工学交替，即把三个学期安排为学习学期和工作学期，然后轮流交替进行。在学习学期里，学生接受的课程基本与非合作教育的学生一样，学校对参加合作教育的学生甚至在最后的考试成绩上有更高的要求，如要求学生的平均绩点数要高于非合作教育的学生以保证合作教育的质量，维护学校的声誉。在学习学期，合作教育的学生有专门的辅导教师来统一安排学生的课程等，一般情况下，学生与非合作教育的学生一起上课。

（3）工作学期

工作学期是加拿大高校实施合作教育的核心，因此在具体操作上更为规范和严格。学生工作的单位是协调员提前搜集到的，并会在工作学期开始的两个月前向学生公布。学生先根据自己的意愿报名，并附上自己的简历，然后在雇主进行逐一审查之前，学校会先进行筛选和调配。雇主要以试用的方式对学生进行考查，通过的学生就可以与企业的雇主签订协议书，遵循双选择的原则。

在工作学期，学校的指导老师或协调员到工作单位帮助学生解决一些生活问题，雇主也会指定专人对学生管理和指导。在学期末，学生的成绩一般由雇主向学校提交每个学生的鉴定意见和学生自己总结的关于业务学习、工作经验以及人际交往能力等方面的报告两部分组成。学生在工作学期是不计学分的，但是工作报告要由指定教师评阅打分。

学生在工作学期会获得报酬，具体由雇主来分配，学校也会为雇主提供一些工资的调查报告做参考。工资的额度与学生的专业和年级有关，学生也要提交工资所得税和失业保险金，与正常的雇工一样。一般来说，参加合作教育的学生所获得的酬劳基本可以满足学生自食其力，独立生活。如果学生在工作学期中遇到了罢工或者是公司裁员，要及时向学校汇报。从学生的角度来说，他们有权力决定是否罢工，也可以要求更换工作单位。如果被雇主开除，学生也要及时上报学校，由学校进行调查决定是否记入学生档案。如果是由于学生个人原因导致被开除的情况，学校会令其退出合作教育。

3.加拿大高校合作教育的特点

加拿大是世界上开展合作教育最广泛也是最成功的国家之一，其高等教育一直以合作教育而闻名世界。加拿大高校合作教育有以下几个特点：

（1）工学交替

加拿大高校合作教育的一个显著特点就是以工学交替为主要人才培养模式，如滑铁卢大学将每个学年分为三个学期，三个学期中有两个是学习学期，一个是工作学期，学习学期与工作学期交替进行。工学交替能够实现理论与实际多次循环，符合认识规律和教学规律，有利于学生在理论、实践以及能力上得到全面提高，同时也将学生的实习时间集中起来，使得他们能够获得系统性和连续性的实践经验，学生又能在连续的工作中与雇主建立信任感，得到企业里比较主要的职位，对锻炼学生的能力有益。

（2）政策导向

加拿大政府非常重视其高校合作教育，除了在财政上大力支持以外，对合作教育提供的一些优惠政策也推动了合作教育的发展，其引导效应显著。加拿大政府还积极鼓励企业及社会各界对合作教育进行投资和捐助，政府会对投资者提供税收上的优惠，还会为受益学校提供与捐赠的资金同等额数的资金作为奖励。政府还会鼓励高校教师至少每五年去相关企业工作几个月，以提高教师的专业水平，在此期间教师工资由政府、企业和学校共同承担。

（3）资源共享

加拿大高校合作教育有一条成功的经验，即高校与企业资源共享，具体表现在两个方面，一个是高校教师与企业人才进行广泛的人员合作与交流，实现人才互通。在加拿大，很多参与合作教育的高校教师都具备3～5年的一线生产经验及中级以上的专业技术职称，高校中的很多教师直接来源于工商界。而企业中的很多管理人员也会直接参与到高校的管理中，如加拿大很多社区学院的董事会成员就是来源于企业中。他们的参与使得高校的办学方针、培养模式和人才规格的制定更切合实际，使得高校既能满足企业的人才需求，也增强了高校的社会号召力。高校也会聘请企业管理人员或技术专家到学校兼职任教或举办讲座和座谈会，为高校教师和学生介绍行业的最新动向，企业也会聘请高校教师为他们做员工培训。加拿大高校合作教育真正实现了人才互通，促进了合作教育的迅速发展。资源共享的另外一个方面是企业向高校提供了物质支持和技术转让，这在很大程度上解决了高校经费不足、设备老化等问题。企业无偿转让专业技术也可以使学生了解企业的最新技术，缩短企业对新雇员的上岗培训时间，同时也便于高校及时把握最新技术，最终实现双赢。

二、国外产教融合模式的经验参考与借鉴

目前，虽然国外产教融合的模式多是针对职业院校而言，对于职业院校更

值得参考和借鉴，但对于普通本科院校来说，同样具有积极的参考价值和启发意义。

（一）坚持育人导向

1.完善产教融合育人目标体系

在上述的几种国外产教融合育人模式中，无论是理论知识与实践学习相统一，还是个人价值与社会价值相统一，都是为了提升学生的综合素质，促进人的全面发展。这一点其实在我国的教育理念中也处处有体现。

我国也应坚持产教融合教育促进学生全面发展的目的，并要在不断的探索与发展中找寻育人目标的定位。既然作为一种全新的育人模式，合作教育模式培养的人才应该具有其他模式所不具备的素质和才能。在我国，很多高校认为产教融合是要培养学生的工程技术实践能力。滑铁卢大学在刚开始实施合作教育确实是在工科范围内，但是后来加拿大合作教育逐渐延伸到各学科领域并且均取得了很大的成效。由于合作教育与传统教育模式是相互促进、相辅相成，而非完全割裂的关系，两种教育模式需要相结合并形成一个共同的育人体系来促进人的全面发展，这符合合作教育中理论知识与实践学习相结合的理念内涵，也符合现代高等教育育人目标内涵。

2.加强实践质量，实现个性化发展

在产教融合教育理念中，实践学习的补充、社会教育资源的引入都是在践行个性化培养的理念，使学生在实践学习与社会教育中能够明确自我定位，主动自我学习，实现自我发展。我国正处于高等教育从大众化向普及化过渡的阶段，大学生数量膨胀的同时也带来了教育需求结构转型。学生的教育来源、教育背景、受教育动机、教育需求都不再像以前那么单一，并且学生群体本身在发展优势与发展潜力方面也都是各不相同的。通过产教融合教育加强学生的主体实践，是实现学生个性化发展的重要途径。国外很多高校充分发挥了产教融合教育的开放性，创造能够使学生角色可以在受教育者与教育者之间互相转换的学习环境，在接受学习的同时也可以实现自我教育，发现自身的优势与潜能，更有利于个人价值的提升。因此，我国高校要从学生的需求出发，并与社会的需求相结合，保证学生在工作学期的实践时间，大力加强实践质量。通过产教融合促进人才培养多样化，形成更强的人才竞争力。

（二）加强融合，消除壁垒

如果深入分析，"统一"是国外许多高校产教融合教育理念所围绕的核心。理论知识与实践学习是在学生能力培养上的统一，个人价值与社会价值是在学生素养形成上的统一，校园教育与社会教育是在教育资源上的统一。这三个方

面的凝结需要产业界与教育界形成强大的合力，在产教融合教育的思想认识、教育模式、教育内容方面都能够深入融合。

1. 加强统一性的合作教育认识

产教融合首先需要产业界与教育界形成统一性的合作教育认识。从我国的产教融合发展历程来看，新中国成立以来我国的教育方针一直将教劳结合作为指导思想与重要内容。同时，越来越多的高校通过多样化的方式开展了合作教育以提升人才培养的社会适应性。虽然有些大学将实习、实践等教育环节统称为产教融合，但这显然不符合产教融合的定义与内涵，缺乏系统性、统一性的认识会导致这种所谓的"合作教育"流于形式，无法发挥有效的作用。

以加拿大合作教育的发展经验为例，在其初期实践探索不久，国家就成立了加拿大合作教育协会，对合作教育的定义与基本内涵做了清晰的界定与全面的解释。在之后的发展中，加拿大合作教育从实践中吸取经验，从问题中窥视根源，不断完善合作教育理论体系。改革开放以来，我国在合作教育方面做出的努力显而易见，在一些试点大学也产生了较好的社会效益。

2. 完善合作教育模式，深化产教融合

对高校传统的办学模式与教育模式而言，生产活动与产业部门都是系统的外部环境，而现在产教融合模式将生产活动与产业部门从系统的外部环境转化为系统的内部要素，这样系统的结构与功能就有了巨大的变化，系统的复杂性将会急剧增加，合作教育在高校的实践难度可见一斑。

除了模式上将校园教育与社会教育"无缝衔接"，在教学方式与教学内容上将两者结合也可进一步深化产教融合。在这个过程中，教师群体就起到了关键性的作用。对于教师而言，需要认识到大学生的学习方式、学习内容、学习目标都与中学有着较大的差异。从中学毕业的学生不仅面临着大学学习方式的转变，也面临着社会、科技与经济的巨大变化。企业是人才培养过程中所不可缺少的"大课堂"，学生只有在社会这个真实的"大课堂"中，才能提高自己的职业素养、沟通能力与协作能力，成为满足用人单位的合格人才。因此，合作教育使得学生自身去发展学习能力，并在此基础上为工作岗位做贡献，实现自身价值的同时创造社会价值，让他们做好在一个充满活力且高要求的就业市场中承担生产性工作的准备。在产教融合过程中，教师要注重"实用性"与"联系性"知识的教授，并能够引导学生进行自主学习、自我教育、自我发展，与企业及时地进行沟通与交流。同时，大学教师也应注重了解外部社会经济发展状况，了解市场需求，根据社会发展情况及时更新教学内容，才能让学生学习到时代性的、最新的知识，更好地实现课程学习与工作实践的结合。

（三）各方联手，共同育人

通过观察国外产教融合育人模式不难发现，高校、企业、政府都肩负着育人的重要使命，共同为大学人才培养奉献力量。

1.协调高等教育与社会发展的关系

产教融合中校园教育与社会教育相统一不仅意味着社会教育资源向高校的引入，更意味着高校与社会的共同合作、互相渗透、协调发展。我国产教融合教育从萌生之时就是与社会发展紧紧联系在一起的，是基于高等教育内部与外部环境的综合影响，在目的上也不仅仅在高等教育系统内部发挥作用。在产教融合教育萌芽期，高校最希望看到的是社会力量对高等教育系统的影响，让学校的培养目标、教育规划、战略措施和培养方法上都与经济、科技发展的要求紧密结合，通过提高学生就业率与提升人才培养质量来推动社会、科技快速发展。的确，我国在产教融合教育早期就已经致力于高等教育与社会发展相协调，也取得了一定的成就，培养了大批高质量的产业后备军，加快了知识与科技转换为生产力。总体来说，我国产教融合教育发展初期促进了高等教育"适应"社会。

随着产教融合教育在我国的不断推进，并且从学校自发行为发展到有组织规范与监督的教育活动，它对社会的影响力逐渐扩大并加深，促进高等教育与社会发展相协调的目标不仅停留在人才这一个结合点上，也不能仅仅让高等教育"适应"社会，也要让企业充分感受知识与人才的力量，了解高等教育的发展规律，与高校共同参与到人才培养这一课题中。

为了协调高等教育与社会发展，我国需要在产教融合教育实践中制订计划、实施计划、保障计划顺利运行，这也是我国未来面临的一个重大课题。结合对国外高校产教融合教育的研究，要从完善机制、规范标准两个方面更好地促进高校与社会的协同发展。

第一，通过完善管理机制凝聚与协同要素。产教融合中的几大主体特别是产学双方在合作中都有各自的利益。政府的职能主要是宏观上的协调、导向与支持，主要通过政策、法规和经济杠杆发挥作用，而不是靠行政干预；高校与企业有着不同的运行规律，两者互相影响，但是不能互相执行管理职能，因此建立了对双方都有约束力的管理机制，包括多方组成的管理机构、多方制定的管理守则以及政府的宏观调控等，在坚持市场作用的同时强调自我协同作用；

学生可以根据自己的意愿选择合作教育方式、合作教育雇主，通过相应的制度和法规维护自己的权益。

第二，通过加强标准认证达成大学与社会的共识。国外产教融合的历史经验证明，高质量、科学性的标准认证是产教融合稳定发展、得到高校与社会共同认可的坚实保障。我国借鉴国外产教融合的规范和标准是必然的，但是绝不是"照搬照抄"，需要有一个适应国情、完善提高的过程。同时，在研究国外产教融合认证体系的基础上，应大力展开我国产教融合的认证标准制定工作，形成我国科学完善的计划规范要求与评估指标体系，从而推动产教融合的科学化、规范化、高效益、高质量发展。

2.充分发挥政府的支持与引导作用

产教融合之所以具有很强的生命力，并在世界范围内得到推广应用，很大程度上得益于政府的支持和正确引导，更多地表现在政策法规方面的支持。从国外产教融合的经验来看，国外政府制定政策对提倡、推动、协调、激励和引导合作教育深入、有效地开展具有重要的意义和不可替代的作用。以加拿大联邦政府为例，对产教融合没有从立法上专门给予财政支持，但是有一部分省对合作教育的学校提供了类似"种子基金"的经费支持。政府予以产教融合最主要的是政策支持，即每个省份根据实际情况对参与产教融合的企业在税收上予以不同程度的减免。

企业缺乏对产教融合参与的积极性，是目前我国产教融合难以推广的一个重要客观因素，而支持性的政策对于解决这一问题则起着至关重要的作用。我国政府在推动高校建立产教融合试点、完善产教融合评估体制、成立基金促进产教融合发展等方面做出了不小的成绩，但还缺乏支持性的产教融合政策来协调大学、企业、政府这三方的利益关系。

通过体制创新、政策导向解决产学合作培养人才所遇到的实际困难，是我国产教融合未来发展的突破口。这个问题的解决如果单靠高校或企业都是无效的，而是需要政府从全局、整体、长远的角度，尽快制定相应的政策、法规，充分发挥政府的支持与引导作用，协调高校与企业的利益关系，大力倡导并积极宣传产教融合教育。一方面，政府要在鼓励高校、用人单位、社会力量参与产教融合方面给予全方位的支持。在高校方面，由于参与产教融合的学生培养成本要比一般学生的培养成本高，需要更多的经费投入，政府可以设立专项基金，加大对高校产教融合的经费投入。在我国市场经济不断完善的新时期，政府应不断调整角色，从形式扶植向内涵扶植转变，扩大高校开展产教融合的自主权，为高校创造良好的市场活动环境。在企业方面，应健全产教融合中所涉及的学生薪酬、企业技术保密、安全问题等方面的立法，在税收、人事、评估等方面也应出台配套的支持政策。在社会力量方面，可以通过鼓励产教融合社会团体的成立，充分调动社会各层参与产教融合的积极性，并给予实质性的扶植。另一方面，要充分发挥地方政府的参与性。地方政府的监督管理以及政策的支持，不仅能够提高当地企业参与产教融合的积极性与主动性，还能将产教融合与地方特色产业发展相结合，推动合作教育更深入、更特色化地发展。

第三节　构建完善的支持体系

一、法规支持体系建设

自 1999 年至今，我国进入全面发展大众教育阶段，地方本科院校的办学目标逐步建立培育服务地方经济和社会发展的技术型人才。产教融合已成为高校人才培养质量的关键环节，然而，与校企合作、产教融合配套的政策文件仍然一片空白，普通高校需要某种支持时只能参考职业教育校企合作的法律法规和政策。研究现有的政策和法律法规，可以得出：大部分属于国家政策约束较多，法律法规规定缺少；规定性较多，实际可操作性措施太少；教育部门文件较多，其他政府部门和合作企业的文件较少。因此，要使高校产教融合进一步深化，一套严谨的、可操作的法律法规不可或缺。

（一）产教融合法规制定的必要性

1.监督保障

完善的法律法规对产教融合有序发展起到了重要的监督作用，使产教融合真正做到了有法可依、违法必究。国外许多国家都有一套完备的法律监督体系，对产教融合的各个方面实施全方位的监督，这一点在上一节也提到了，其中比较典型的国家是德国和美国。德国对校企合作、产教融合的管理主要是立法的形式来监督，这种法律法规体系比较完备，结构紧密，相互协调，对监督、经费、政策落实全方位保障。德国政府及其行业组织发挥了监督、评价和指导的作用，经多年的经验验证，该法律法规对校企合作、产教融合发挥了重要作用。而美国产教融合的法规对政府、企业、高校予以严格的监督，对产教融合制度高度重视。在过去产教融合的每一次改革中，美国政府都率先启动法律程序，用法律手段来规范教育的改革与发展，大大促进了高校与企业之间的合作。

2.政策保障

产教融合法规的制定是推动国家、地方颁布产教融合政策的有力途径，企业、高校之间能否保持深度合作依赖于国家法规的要求。产教融合法规可以使产教融合的政策更加具体、明确、可行，可以使产教融合中所需的人力、资金、设施及运行得到根本的保障。目前，我国有关产教融合的法规还没有建立起来，政策扶持力度有限，不能完全适应产教融合发展的实际要求，并且由于体制的问题，产教融合、校企合作的政策也难以落实。只有当产教融合法规逐渐完备起来，对政策、体制等层面加以保障，才是产教融合得以长远发展的根本。比如德国通过立法的形式，规定了参与产教融合的企业的责任和义务，并颁布了相应的要求，推动了大量政策对进行产教融合的企业严格控制，一些不符合产教融合规定和标准的企业禁止招聘学徒工人，以确保产教融合质量。为了调动企业合作的热情，政府给予企业一定的优惠措施，如规定产教融合的合作费用包括生产成本、税收减免等。同时，国家拨付专款，与州政府和工商联等部门共同设立跨企业培训中心。分析德国在校企合作的经验可知，政府在制定产教融合法律法规是积极的，在监督、资金、政策法律方面发挥了较好的作用。由于政府的高度重视和产教融合法规的积极支持，学校在教学、科研、管理和社会服务方面开展校企合作，学生、教师、学校、政府等主体分别通过各自的方式方法支持和参与校企合作产学研结合，形成了良好的校企合作、产教融合的社会氛围。

（二）推进产教融合法规制定的具体路径

1.加快建立国家级法规

近年来，虽然我国中央和地方政府积极倡导"以服务为宗旨，以就业为导向"的教育发展思路，并颁布了一系列的政策，促进产教融合的深入发展，但国家颁布的立法较少，关于普通本科高校产教融合相关工作的解决方法缺乏相应的法律规范和相应标准。众所周知，法律法规的制定多是从上而下推动，如果国家层面没有制定相应的法律法规，地方政府在制定一些法律法规时也自然容易出现问题或者困难。因此，首先应该从国家层面着手，加快制定相应的法律法规体系。

2.完善行业及地方性法规

国家和政府应该加强宏观调控和指导，鼓励行业、企业和学校参与产教融合政策和法规的制定，如制定有关鼓励行业、企业参与产教融合应用型人才培养和产教融合促进方面的法律法规，利用法规法律来进一步限定政府、企业和行业在产教融合培养应用型人才的权利与义务，特别是对参与产教融合的行业、企业，对其参与培养应用型人才的性质和地位做出具体规定，为其提供政策和法规的保障。目前，中国的不同地区、不同层次的产教融合在不断地尝试和实践，这些实践将为建立标准化的产教融合提供了宝贵的经验和基础。比如宁波市颁布了《宁波市校企合作促进条例》，其产教融合开展得很好，发挥了重要作用。该条例颁布的意义和范围明确了校企合作的运行规则；在市、地方政府建立了校企合作开发专项资金。该条例的颁布推动了其他省市制定产教融合法律法规。当然，不同地区之间不可避免地会存在差异，所以在借鉴的同时，各级政府应充分利用当地的优势制定一个可行的和实用的产教融合法律法规，更适应当地经济发展的实施细则，设立可行的产教融合标准，支持和引导普通本科高校产教融合的长期机制。

　　3. 推行专门的产教融合法规

　　我国政府对普通本科高校产教融合的专门法律法规需要尽快制定并颁布，更深刻地明确产教融合中高校、企业和学生的权利、义务及互相的关系，维护各方的合法权益，限制产生机会主义的可能性，努力减少产教融合的成本。及时有效的法律法规建设将有助于产教融合制度化教育建设和良性运行。虽然我国先后共制定了关于产教融合的法律法规《中华人民共和国教育法》《中华人民共和国高等教育法》等，但法规政策缺乏强制力，条款和规定相对零散。

　　我国可以建立特殊的和专门的产教融合法律法规和实施条款，以法律的形式来规范产教融合的良性运行，当事人的权利和义务明确规定了产教融合的权利和义务、管理模式、人才培养模式和经费的使用，以及相应的奖惩机制、政府部门的责任、法律责任等。在法律的监督下，政府应该依据区域的实际发展现状，建立健全产教融合支持系统，通过建立产教融合各级教育委员会进行加强指导和协调。一个现代企业人才培养工作的特点应是建立现代企业教育制度。制定职业等级标准辐射所有就业准入制度，改变现有的就业准入制度的现状，健全就业准入制度。各级政府应该加强对产教融合法律法规的重要程度，加强监管，使我国普通本科高校产教融合的基本政策和法律保护得以正常运行。

　　我国科学技术的进步、推进产教融合各方的真诚合作、加速科技成果转化的重要保障是依靠正确和有效的政策和法律法规。目前产教融合立法在我国仍处于起步阶段，虽然引入了许多刺激和促进产教融合的法律法规和政策，但缺乏配套的实施细则、良性运行机制和协调监督机制。政府应该尽快制定企业参与产教融合的税收优惠、允许企业捐赠教育资金的30%~50%抵扣企业所得税等具体措施，使企业对高等教育投资的热情高涨。政府和行业需要共同制定实施细则，包括奖励、惩罚、企业承担的义务和责任。政府和行业共同制定有关政策，用以支持企业更深入地参与产教融合。

二、财税支持体系建设

产教融合的顺利开展离不开资金的支持，我国产教融合发展的一个障碍就是缺乏财税的支持。为了促进产教融合的顺利开展，我国各级政府除了设立专项资金之外，还应颁布税收减免政策，设立产教融合贷款及创新资金，建立风险投资机制等，从而促进产教融合的长久发展。

（一）建立多渠道经费保障机制

1.政府设立专项资金

为了促进普通本科院校生产、教学一体化，我国各级政府、大学、企业应当建立产教融合教育专项资金，促进有效的整合发展。第一，明确各级政府的明确责任和投资的比例，逐渐从设立的产教融合专项资金中支出。第二，建立一个稳定的金融投资增长机制，根据普通高校教学的实际需要增加财政投资比例，以确定发展目标与普通高校及其财政支出的一致性。各级政府也可以建立产教融合政府教育奖励基金，鼓励多层次合作，奖励在企业、教育和个人中有突出表现的。例如，中国浙江省、重庆市这些地方，由政府建立产教融合教育专项资金，支持和奖励实施产教融合较好的优秀企业和学校，保障了参与者的利益，并取得了令人瞩目的成绩。

2.高校及企业设立专项资金

在有限的政府开支条件下，大学应积极倡导设立专项资金来支持产教融合的开展，用于建设人才培养基地，支持高校和企业共同研发课程，支持教师参与产教融合实践的项目。高校对资金进行筹备有以下几种途径：大学和地方政府之间开展合作项目，建立产教融合的生产和教育创新基金，参与项目生产和教育的高校教师和学生提供援助，包括实践基地基础设施支出、课题经费等；大学可以签合同，对象是企业和政府部门，从而获得横向课题研究经费；大学还可以吸收社会力量，获得各种私人、企业、团体的捐赠，如校友基金会，促进政府和社会力量的结合，形成一个强大的教育保障体系。资金是一个企业生产得以正常运行的关键因素。政府应鼓励企业建立产教融合专项资金，进而促进产教融合的深层次的发展。企业设立特别基金的方式有如下几种：

①对与企业合作的高校提供励志奖学金、产教融合专项基金；

②对到企业有过实践培训的教师学生，提供相应的薪酬；

③企业要按规定时间交付一定的资金，该资金用于企业培训，由政府统一

发放。根据专业培训的时间、地区和规模的差异，一个企业可以取得的资金也有所区别。良好的环境，是鼓励、引导企业大量投资、产教融合可持续发展的重要条件。

3.设立产教融合贷款及创新资金

国家有关部门可以成立一个产教融合专项贷款，专注于培养具有产业化前景的创新集成的项目。对于那些周期较长、资金需求较大、企业扶持困难的高科技项目，提供必要的配套资金，还要建立相应的审查和监管机制。产教融合创新资金是重点扶持创业初期的中小企业与高校合作。

对于创业初期的中小企业来说，融资是非常困难的，创新资金的设立是被广泛需要的。产教融合创新资金是企业能够前进的动力，奠定了与高校合作的基础。中小企业专项资金主要采取财政拨款的方法，50%~60% 是由中央财政支持的项目，其余部分由地方政府和企业提供。另一个重点是专项资金支持大型企业与高校开展合作。这是针对大型企业虽然有一定的创新资源和能力，但往往缺乏合作创新的动力来支撑。大型企业的专项资金，可以通过免费或补贴贷款，加快高校与企业的更高层次的合作。

（二）构建全方位财税政策支持体系

产教融合的迅速发展，使财税政策支持体系的建立迫在眉睫。体系的内容包括：首先，积极引导企业主动参与产教融合，政府需要建立一个全方位的财税政策支持体系。鼓励行业组织、企业建立高校的培训，参与企业实施减免土地税，本科院校办学经费税收也可以适当减免，还可以进行部分救济，政府对参与产教融合发展的大、中、小企业都给予一定的财政补贴和支持。通过扩大的土地面积，企业享受税收优惠政策，学生在实习过程中因报酬出现的生产成本，享受税费抵扣待遇。其次，高校教育基金应由职工收入的 1.5% ～ 2.5% 提取，在政府的统一管理和分配后，纳入产教融合专项基金中，剩下的资金直接退款到高校。最后，政府应该对企业税收政策进行顶层设计，宏观管理，弥补企业参与生产和教育的支出成本。政府需要在企业的增值税、所得税和教育的附加费以及营业税等方面上给企业一定的税收优惠政策，把企业的积极性调动起来，让更多企业参与到产教融合中，培养出更多拥有高素质的技能人才。

三、组织支持系统建立

《国家中长期教育改革和发展规划纲要（2010—2020）》指出，"建立健全政府主导、行业指导、企业参与的办学机制，制定促进校企合作办学法规，推进校企合作制度化"。高校、企业之间的发展当然也需要制度化及规范化。近几年，高校与企业间的互动掀起了高等教育发展走向另一个阶段的狂潮，受到社会各方的关注。但由于目前产教融合体制不完善，缺乏有力措施来规划、布局，使得产教融合的效能还未发挥。只有通过建立产教融合的组织运行管理机构、健全产教融合运行机制等来解决政策制度不到位等实际问题。

（一）建立产教融合组织运行管理机构

1.成立专门的产教融合协调机制

在企业与高校的合作过程中，会涉及许多职能部门，这些部门中出现利益争夺时，必须建立一个专门的产教融合协调机构，来沟通各部门之间出现的难题，协调产教融合中出现的各种矛盾，从而保障政府、企业、高校的正常运行。产教融合协调机构的功能主要有两个：第一，协调企业、高等院校等多个主体之间的利益，在资本投资、合作方式和产教融合创新的渠道上，提供具体的细节管理和协调，监督生产和实施项目；第二，联合政府部门、高等院校，大力开展产教融合创新的相关理论研究和政策分析，制定实用和有效的政策措施，促进产教融合的顺利开展。具体而言，可以建立产教融合教育决策委员会和产教融合教育执行委员会两个组织机构。

（1）产教融合教育决策委员会

由省、市领导牵头，构成部门分别是教育、财政、发展等部门，推进产教融合工作协调指导小组的作用，加强部门之间的统筹协调，形成政策合力，尽快发布促进产教融合的指导意见。产教融合教育决策委员会是做决定的组织，任务是研究高校产教融合发展形势，规划高校发展目标和内容，协助各主体间利益关系，制定并落实政策方向，检查和推进教育工程的发展。在允许的情况下，企业、高校和第三方服务机构代表也可成为产教融合教育决策委员会的成员。

（2）产教融合教育执行委员会

产教融合教育执行委员会可由政府相关职能部门的成员和第三方服务组织构成。该委员会是将产教融合教育委员会的相关计划、目标、任务给予落实并实施，与各大高校、企业经理、行业经理和第三方中介组织的经理通过开会讨论、洽谈等形式确定可实施的项目伙伴以及实现双赢的途径。

2.高校建立产教融合协调机构

产教融合的有效发展建立在组织保障的基础之上，然而，在实际调查过程中发现，大多数普通高校目前还没有专门负责产教融合的协调机构，多数是代管，其产教融合行为很多处于自由、散漫的无组织以及无人管理的混乱状态中。因此，高校应逐渐建立专门的产教融合协调机构。由学校设计规划，组建高校、行业、企业为一体的产教融合协调机构，以此为平台，以促进高校、行业、企业合作主体间紧密衔接、深度合作。按照严格的标准和要求，可建立如下委员会：

（1）教育规划和专业设置委员会，其责任是把握行业的发展动态和国内外高校教育发展前景，从宏观方面指导高校的总体发展方向；提供行业标准，岗位能力目标，对主要设置、课程发展、教师队伍建设等进行研究；全面掌握高校、企业目前面临的问题。

（2）师资协调委员会，基于与企业、学校协调的前提下，建立校企人事工作轮换制度，互相聘用制度等；建构"请进来，走出去"的教员互动机制，形成一个稳定、共享、融合高质量的兼职教师的数据库。

（3）项目管理委员会，管理所有事务过程中项目的合作，具体包括两点：其一，项目的过程管理，包括发起、计划、规范程序规划、合作、总结。其二，项目资源管理，而项目资源管理的首要任务是人力资源管理，包括合作伙伴的人数、责任、事务、管理费等；其次是资金管理，包括在合同中管理、部署、操作成本分布、年度利润分享、合作的预算和结算；最后是材料设备资源，包括常用的合作办公设备、教学设备、培训设备的合理使用和适当的管理。

3.企业建立产教融合协调机构

大多数企业设立组织机构是为了企业的经营目的，产教融合协调机构在企业中设立比较罕见，正因为如此，在某种意义上来说，妨碍了高校与企业之间的联系和发展。企业应设立专门的产教融合组织管理机构，按照规章制度来承担企业应尽的义务和责任，鼓励高校学生与教师到公司进行学习和进修，为各大高校提供训练场地、基本设施，规定特定人员，做好安全讲解以及有关项目的要求；利用好高校的优秀人才资源，与高校进行产品研发与攻关，为企业未来发展打下坚实的基础；将企业的需求融入到产教融合发展过程中，通过制定目标，联手培养优秀人才，并提供基础设备支持等途径，与高校联手，共同培养满足经济发展的必要人才。产教融合协调机构不仅能为企业节省人员招聘费用、缩短职工工作时间、降低职工流失的风险，同时，为企业带来巨大的利益诉求。

（二）健全产教融合运行机制

1.建立产教融合宏观调控机制

政府必须做好各部门之间的宏观调控，协调并沟通好各职能部门之间的利益关系，政府的支持和鼓励是高校产教融合发展的重要的保障。政府是产教融合过程中最直接的宏观调控者与决策者。政府应将各部门的任务、行动统一规划，积极开展产教融合，制定相应的法律法规、制度，为产教融合提供良好的环境及资金支持；确定各主体在产教融合中的权利及义务，规范产教融合行为，为高校产教融合长远发展提供基础。促进政府宏观调控应从以下两方面实施：

（1）完善政策、法律法规体系，规范产教融合行为

因为政策的缺失，使法律法规的时效性减弱，使产教融合的环节无法可依，阻碍了产教融合的正常成长。高校产教融合发展需要有政策、法律法规及资金的支撑，完善的产教融合支持系统、多元化的产教融合模式的保障，才能持续、健康地发展。

（2）采取各种措施，指引产教融合各主体开展联合创新

采取各种手段和措施，积极开展产教融合，各主体通过创新联盟、产学研相结合等各种形式开展联合创新，将产教融合创新与市场创新、技术创新等有机相结合，从而有效提高产教融合创新的总体水准。

2.完善高校和企业内部调控机制

（1）完善高校内部调控机制

加强改革，扩大高等教育的自主权，高校可以根据需要调整组织管理体系、专业设置，并决定办学模式和管理体系，以实现产教融合的自我调节。高校建立和完善弹性学制，显现学习的时间尺度、学习过程的实用性以及学习内容和学习方式的选择性。大学加强内部改革，努力建立教师自愿开展科技服务和技术服务的气氛，主动为企业和社会带来新的服务技术。新形势下，以有效整合生产活动和教育资源，实现校企合作、产教融合的有利发展。学院和大学应该建立在互利共赢的基础上，建立产教融合长效机制和方式，充分发挥高校的长处，如专业技术长处、教育资源长处等，结合企业、行业的需求，积极提供服务，包括人才、科技、教育培训等。根据高校与企业的实际情况，开展多种方式的合作，努力探索建立一个稳定的、长期的人才培养模式，培养满足社会和企业的需求。

（2）完善企业内部调控机制

加强现代企业治理机制，明确责任关系，通过规章制度来规范产教融合的合作活动，形成长效机制。企业应当建立产教融合的内在需求机制，提高对产教融合的认识，因为产教融合对国家、社会发展的意义重大。企业应积极主动参与产教融合活动，采取有效措施来推进产教融合快速地发展。

（3）建立风险预警体系

因为缺乏制度约束与保障，公司承担风险与压力，合作的风险性贯穿于产

教融合的全过程，然而，高校自身并不具备实力把资金转化。因此，企业对于大多数成果的转化不想承担过多风险，只想承担少部分风险。企业希望国家通过有关政策规定或介入风险投资机构、金融投资机构的运行方式，与学校共同承担风险。因此，学校和企业应在政府、行业的指导下建立风险预警体系，从而最大限度地减少产教融合的风险损失，以提升产教融合发展的效益。产教融合中的参与主体——企业、高校都可以在不给对方造成巨大损失的前提下，退出合作。

3.建立产教融合监督检查机制

政府应该建立专门的产教融合监督检查机构，让相关部门对产教融合项目及其实施情况进行监管和评估。同时，监督检查机构应努力构建顺畅、监管有力的产教融合监督检查工作体系以及长久的监管工作机制，加快监督检查工作的制度化。除此之外，监督检查机构还应不断完善监督检查方式方法，将有力地监督检查工作落实到产教融合的各个环节中，以推动产教融合监督检查工作的科学化。政府还应建立产教融合的评估体系，制定科学的评价标准，建立严格的评估过程，对产教融合进行全方位、多层次的评估。评估内容不仅是监督是否符合国家的法律、法规和对当地区域经济产生的影响，还要评估高校所在的政府在产教融合中发挥的作用。以评估系统为基础，逐步建立激励机制，鼓励企业积极参与，激发它们的热情，对取得良好成果的企业施以多方面的奖励。

四、综合评价支持系统建立

建立完善的高校产教融合综合评价机制是双方深度合作的要求，产教融合综合评价机制主要对产教融合的合作项目、形式、合作效果等进行评价。在产教融合过程中，高校经常出现争夺政府资助或优惠政策项目的情况。为此，政府必须要建立一套科学、标准化的支持普通高校产教融合项目管理体系，制定评价标准，使评价工作具有科学性、制度性、规范性、标准性，并逐步完善产教融合合作项目、工程监理、开支审查、过程监督和验收审查，确保一定要积极严格执行。

（一）产教融合综合评价体系的建立的意义

评价是从特定的目的出发，根据一定的标准，通过特定的程序对已经完成或正在从事的工作进行检测，找出反映工作质量的资料或数据，从而对工作的质量做出合理的判断。好的评价模式可以起到检验效果、查找出现的问题、引导方向的作用。高校开展产教融合育人评价，在一定时期内，对开展产教融合育人工作起着"指挥棒、风向标、催化剂"的作用。设置什么样的评价指标体系，就会直接影响到产教融合育人的质量。因此，高校开展校企合作育人评价具有十分重要的意义。

1.有利于提高产教融合育人成效

产教融合育人评价不仅是一个必不可少的重要工具，而且是一项宏大的系统工程。高校产教融合育人评价体系是一项综合性很强的工作，它包括制定评价计划、确立评价方法、评价方案实施、评价结果公布、评价结果运用等多个方面的内容。其中，指标设置是基础。对于现阶段产教融合育人评价指标的设置，由于校企合作项目存在着散、乱、小的问题，因此，高校应重点突出发展的方向，即对高校与企业合作项目进行分级管理，在高校层面上将重点放在校级合作项目的建设上。所谓高校校级合作项目就是以高校为主导的、由校企合作部门牵头、相关职能部门共同参加，以某个二级学院的某个专业为主、多个二级学院的某个专业为辅，共同参与的与某个大企业或知名企业、行业或协会等开展全面广泛、持续时间久远的校企合作项目。在高校企合作上档次、成规模、规范化之后，对校企合作工作考核指标的设置，就需要把年度发展的目标任务细化为具体的可操作的指标。指标设置的科学与否直接影响和关系着未来提高产教融合育人成效。

2.有利于突出产教融合育人重心

高校企业合作育人评价指标的设置，体现的是高校学院层面对校企合作工作的意图，在什么阶段设置什么样的指标，不设置什么样的指标，对不同指标给予不同的权重，都应当认真考虑，科学设置。产教融合育人评价指标能够引导相关职能部门、各二级学院把注意力聚在什么方向，把优势资源用在什么方面，所以高校企合作育人评价指标反映的是高校的发展战略，具有十分明确的导向性。

3.有利于改进产教融合育人工作

高校企业合作育人评价是一项管理制度与工作安排。评价指标必须根据重点工作的需要，即在一定时期内保持应有的稳定性，不能朝令夕改，让相关职能部门、各二级学院无所适从。同时，也要与时俱进，在阶段性目标实现后及时建立新的适应时代需要的校企合作育人指标。总之，高校企业合作育人指标的设置，是一个连续、动态、优化、提升的过程。每个阶段都要根据重点工作的新要求，综合研判，适时调整，坚决淘汰过时指标，增设战略引航指标。

（二）产教融合综合评价体系的设计原则

产教融合不仅直接反映普通本科大学培养应用人才的质量，同样也可以直接显现用人标准和企业的规范性，还可以体现在帮助企业提高生产能力和技术含量，并促进当地经济社会的发展①。及时访问了解产教融合的相关结果，高校学生就业、合作企业、行业组织和政府有关部门，收集反馈信息，将有助于促进普通本科大学校企深度合作的发展，促进高校之间的合作互补、改进理论研究和实践教学，使高校与企业间合作、互助。普通高校应在国家的指导下，与行业协会、合作企业共同建立一个综合评价机制，在合作效果评价的基础上，得出经验，寻找差别，确定更有效的训练计划。

高校在科学性和系统性评价的基础之上，还应遵循以下原则：

1.操作性原则

产教融合的评价是一个直观的感觉，必须简洁，容易实施。评价者表达出一些特殊的感情，还应该审查设置特点，最重要的是让评价者把产教融合中的优点和缺点用最简洁的词语描述出来，使评价指标体系更加具有科学性和精准性。可操作性的评价包括两个方面：其一，指标的建立应清晰、易懂、简化适中，以便于数据的采集，数据的计算应该是标准化流程，以方便定量指标；其二，评价体系和指标计算的相应方法应该简单、科学、便于操作，为了确保评估结果的准确性、可信性，应使用科学的方法。

2.指导性原则

产教融合可以反映现有评价体系，用高校、与企业合作的精神来指导课程的理论学习和实践学习。

3.全面性原则

事物总是互相联系的，从某一角度片面地处理问题只能显示出现象，不能揭露其本质。对产教融合的评价应从组织、管理、培养条件、教学过程和培训效果等角度对其进行客观且全面的评价。

（三）产教融合综合评价的内容体系

国外相关研究机构将产教融合育人质量评价细分为投入、产出和过程三项指标。投入指标反映了高校现有的人力、经费及其他可利用资源等办学条件；产出指标指高校通过教学活动获得的成果及产出；过程指标体现了高校办学过程中管理、组织和运行的情况，以及相关资源的使用效率等。因此，组成产教融合育人质量评价模型的评价因子可以归结为三个：产教融合育人资源、产教融合育人过程和产教融合育人效果。

---

① 赖永辉.企业深度参与、多方共同评价下的校企合作评价体系研究[J].职教论坛，2013（24）：20-23.

1. 产教融合育人资源

产教融合育人资源体现的是学校在合作教育中所投入的人员、设备及经费等教育资源，其中包含了师资队伍建设、经费投入情况以及校内外实习实训基地的建设三个方面。师资队伍的构成强调具备"双师"素质的教师要在专任教师中占相当的比例，鼓励教师在不影响正常教学的前提下到校外挂职，了解市场需求，增强自身的实践能力。经费投入要向实践教学倾斜，保证学生的实习实践经费专款专用，突出学生实践能力的培养。学校各专业要拓展学生的校内外实习实训基地，不仅数量上要满足，还要保证学生实践的学时，并全程监控学生实习实践的效果。

2. 产教融合育人过程

产教融合育人过程体现在三个方面：专业建设、课程改革和教材建设。学校各专业要尽可能地开展校企合作，专业建设除重视校内的培养外，还要加强学生校外的实习实践，在一些指标，如参与校外实习的学生占在校生比例以及毕业生实习到岗率上，要稳步增加。积极开展课程改革和教材建设，开发校企合作课程，共同开发教材和实训指导书，学生的考核应采取校内考核和企业考核相结合的方式，甚至直接将企业考核或社会考试成绩作为学生课程的成绩。

3. 产教融合育人效果

影响产教融合育人效果评价的重要指标有毕业生取得职业资格证和双证书的比例、校外实习基地每年接收毕业生的人数比例、学生总体就业率、企业投入的经费、学校每年为企业服务的年收入及培训员工的人次、教师的教研成果等。

（四）产教融合育人评价的标准体系

高校要以提高人才培养质量为目标，与行业企业共同对师资队伍、实训条件、课程体系等进行过程监控、反馈与评价，实施人才培养质量监控的动态管理，校企共建产教融合育人质量标准体系和产教融合育人质量评价标准体系。

1. 校企共建产教融合育人质量标准体系

充分发挥行业企业和专业建设指导委员会的作用，积极开展工学结合教学改革，制定符合专业人才培养目标的合作育人质量标准体系。对专业的工学结合人才培养模式构建、基于工作过程的课程体系开发、教学条件保障、专业设置与调整等进行系统的规划设计，制定专业的人才培养标准、课程标准和教学标准。强化校企合作中专业人才培养质量标准制定的"过程控制"，确保专业培养目标与用人单位对专业人才需求目标一致。

2. 校企共建产教融合育人质量评价标准体系

　　引入行业、企业标准，通过制定产教融合育人各环节的质量标准、质量评价标准、质量保障实施办法与反馈办法等制度，将产教融合育人质量过程评价与结果评价结合起来，使单项评价与综合性评价相结合，学校评价与企业评价相结合，注重人才共育过程与质量评价要素的有机结合。建立由合作育人组织管理、合作育人工作评价、合作育人过程质量管理、合作育人质量检查等环节组成的完善的质量保证与监控评价体系。明确合作育人质量评价指标，规范和创新"生产实训""工学结合""顶岗实习"等实践环节的质量监控，构建符合产教融合人才培养模式的具有专业特色的质量评价标准体系。

　　总之，产教融合育人评价体系的建设对高等教育的人才培养质量的评价至关重要。高校应以实践学习条件、职业素质发展为评价核心，逐步形成以学校为核心，政府部门、行业、企业及其他社会组织共同参与的质量评价体系，不断完善产教融合育人质量评价体系，提高教育教学质量，提升其服务经济社会发展的能力。

参考文献

[1] 约翰·杜威. 民主主义与教育 [M]. 北京：人民教育出版社，2001.

[2] 约翰·杜威. 经验与教育 [M]. 北京：人民教育出版社，2005.

[3] 顾明远. 教育大辞典 [M]. 上海：上海教育出版社，1999.

[4] 李生兰. 学前教育学 第 3 版 [M]. 上海：华东师范大学出版社，2014.

[5] 朱宗顺. 学前教育原理 [M]. 北京：中央广播电视大学出版社，2011.

[6] 马克思·霍克海默. 启蒙辩证法 哲学断片 [M]. 上海：上海人民出版社，2003.

[7] 李季湄，肖湘宁. 幼儿园教育 [M]. 北京：北京师范大学出版社，1997.

[8] 潘懋元，王伟廉. 高等教育学 [M]. 福州：福建教育出版社，2013.

[9] 王晶，乔丽红. 产教融合背景下学前教育专业人才培养模式研究 [J]. 产业创新研究，2020（10）：197-198.

[10] 苏鸿. 产教融合视野下师范院校学前教育专业课程改革的探索 [J]. 高教学刊，2020（9）：123-125+128.

[11] 周齐. 产教融合下的多元评价机制——以学前教育专业为例 [J]. 中外企业家，2020（6）：186.

[12] 罗玉萍，贾小玲. 在产教融合背景下的高职学前教育专业技能人才培养模式的研究 [J]. 产业创新研究，2019（12）：255-256.

[13] 韩天学，皋玉帝. 高职院校人才培养模式创新与实践——以上海思博职业技术学院学前教育专业为例 [J]. 教育现代化，2019，6（98）：17-20.

[14] 金锦兰. 延边地区幼儿教育的问题与对策 [D]. 验机：延边大学，2007.

[15] 裴小倩. 全球化背景下有关中国学前教育的地域文化研究 [D]. 上海：华东师范大学，2010.

[16] 刘鸿雁. 杜威的"从做中学"理论在高职教学中的应用研究 [J]. 读与写（教育教学刊），2010，7（7）：75+82.

[17] 江峰. "教学做合一"——从做事到做人 [J]. 南京晓庄学院学报，2007（2）：25-32+106.

[18] 丁湘梅.师范院校如何实现产教融合按需培养：围绕产业链调整专业设置[J].教书育人（高教论坛），2018（36）：101.

[19] 张晗，陶双骥.高职高专学前教育专业"产教融合、校企合作"人才培养模式实施现状及优化策略[J].江苏幼儿教育，2018（3）：78-80.

[20] 孙力，李静.推进产教深度融合 探索精准培养路径[J].中国高等教育，2018（17）：56-57.

[21] 朱曼草.学前教育专业人才培养策略探究[J].科学咨询（教育科研），2020（5）：181.

[22] 王迪，唐守冬.高校学前教育专业人才培养方案研究[J].中外企业家，2020（16）：173.

[23] 程志敏，郑兴凤.论古希腊哲学启蒙运动的现代性[J].现代哲学，2013（2）：63-66.

[24] 曾晓平.康德的启蒙思想[J].哲学研究，2001（5）：66-71+80.

[25] 李艳.0-3岁早期教育共同体的实践研究[D].西安：陕西师范大学，2013.

[26] 王菁.婴幼儿早期教育研究—创意教育在婴幼儿早期教育中的重要性[D].大连：大连工业大学，2013.

[27] 胥兴春，李燕.学前教育专业卓越人才培养的课程体系重构与实践创新[J].教师教育学报，2020，7（3）：92-98.

[28] 冯国荣.校企合作背景下学前教育专业人才培养模式改革研究[J].陕西教育（高教），2020（4）：59-60.

[29] 郑爱民.高校学前教育专业"校—园"合作人才培养模式研究[J].黄冈师范学院学报，2020，40（2）：77-81.

[30] 牟映雪，丁梦丽.学前教育专业人才培养质量监测及提升的体系建构[J].天津师范大学学报（基础教育版），2020，21（2）：92-96.

[31] 涂华锦.高职院校产教融合绩效评价体系的构建与应用[J].黑龙江生态工程职业学院学报，2020，33（4）：92-95.

[32] 黄河.产教融合背景下"校企校"人才培养模式的实践研究[J].佳木斯职业学院学报，2020，36（7）：181-182.

[33] 林菁.对当前早期教育的几点思考[J].福建师范大学学报（哲学社会科学版），1996（2）：124-129.

[34] 林渊腋，陈镇奇，李家亮.正常婴幼儿的早期教育及社区干预现状的思考[J].中国妇幼保健，2005（2）：21-22.

[35] 黄津孚 . 人才是高素质的人——关于人才的概念 [J]. 中国人才，2001（11）：31.

[36] 陈俊吉，张永胜 . 人才的概念及其内涵和外延——体育人才研究之一 [J]. 体育科技文献通报，2009，17（4）：127-128.

[37] 伍力，郑开始 . 关于教师教育一体化建设的若干思考 [J]. 教学与管理，2006（33）：32-33.

[38] 李燕 . 基于产教融合的应用型本科深度模块化教学改革思考 [J]. 教育与职业，2020（12）：92-97.

[39] 周彦兵 . 产教融合视域下德国"双元制"模式分析及借鉴 [J]. 教育与职业，2020（12）：65-70.

[40] 张芬芬 . 新时代产教融合型企业建设的内涵与路径 [J]. 天津中德应用技术大学学报，2020（3）：26-29.

[41] 陈炳，尹辉，巩学梅 . 应用型本科高校"科教 + 产教"双融合人才培养模式的探索与实践 [J]. 浙江海洋大学学报（人文科学版），2020，37（3）：70-73+79.

[42] 陈昆玉，张权，吕淑芳 . 企业大学的共建与运营——基于"协同共生、产教融合"的视角 [J]. 中国高校科技，2020（6）：78-81.

[43] 潘洪建 . 什么是知识：教育学的界说 [J]. 江苏大学学报（高教研究版），2005（1）：23-29.

[44] 刘向东，陈英霞 . 大学治理结构剖析 [J]. 中国软科学，2007（7）：97-104.

[45] 王玲，柳连忠 . 职业教育的政府主导职能分析 [J]. 职教论坛，2011（1）：43-46.

[46] 张静 . 职业教育"产教融合"政策演进及在浙江省落地实施的现状与对策 [J]. 宁波职业技术学院学报，2020，24（3）：19-25.

[47] 杨焓 . 产教融合背景下应用型高校新工科师资质量提升策略 [J]. 三明学院学报，2020，37（3）：94-100.

[48] 郭新华，吕新广，林勤保，等 . 校企协同创新育人模式的探索与实践——以产教融合及行业需求为导向 [J]. 广东印刷，2020（3）：59-61.

[49] 平凡，刘丽娜 . 产教融合"双主体"协同育人模式实践研究——以跨境电商学院为例 [J]. 开放学习研究，2020，25（3）：52-57.

[50] 伍俊晖 . 产教融合协同育人应用型人才培养 [J]. 中国市场，2020（17）：185-186.

[51] 郎群秀，冯跃霞.职业教育发展中的政府职能 [J].职教论坛，2010（28）：10-12.

[52] 朱保华.德国"双元制"职业教育模式及其启示 [J].产业与科技论坛，2006（3）：118-120.

[53] 郑雪青，阙霄，姚政懿.国外产学研合作成功经验与模式比较分析 [J].中国商界（上半月），2009（6）：91-92.

[54] 梁莉，向鹏.基于双基地建设的校企深度融合专业教学改革探索 [J].中外企业家，2020（19）：156.

[55] 李欢欢，黄瑾.我国西部学前师范生协同培养质量与路径分析 [J].教师教育研究，2019，31（2）：22-28.

[56] 钱伟，张迺英，丁智萍.基于校企合作的应用型本科文化产业管理专业建设路径研究 [J].科技经济导刊，2020，28（19）：155.

[57] 肖宁.学前教育专业校企合作实训基地建设的探索——以汉中职业技术学院学前教育专业为例 [J].西部素质教育，2018，4（4）：214-215.

[58] 肖宁.学前教育专业校企合作共建机制的探索与实践 [J].西部素质教育，2018，4（3）：196+198.

[59] 周祈燕.产教融合背景下教师实践能力提升策略 [J].现代商贸工业，2020，41（22）：74-75.

[60] 李英勋.校企合作背景下"环境创设与布置"课程改革——以辽宁民族师范高等专科学校为例 [J].新课程研究，2020（3）：76-78.

[61] 余蓉.学前教育专业现代学徒制人才培养模式的校企合作方式探究 [J].清远职业技术学院学报，2019，12（4）：31-33.

[62] 戚家超，屠春飞.产教融合视域下高校创业孵化器的建设路径探索 [J].产业创新研究，2020（12）：163-164+176.

[63] 刘彬.职前幼儿教师实践能力培养探究——基于建构主义的校企合作 [J].佳木斯职业学院学报，2018（11）：247.

[64] 张呈江.产教结合机制创新下的订单式培养模式探究 [J].工业和信息化教育，2020（6）：86-89.

[65] 冯国荣.校企合作背景下学前教育专业人才培养模式改革研究 [J].陕西教育（高教），2020（4）：59-60.

[66] 周齐.产教融合下的多元评价机制——以学前教育专业为例 [J].中外企业家，2020（6）：186.

[67] 陈阿静. 校企深度合作视阈下人才培养模式改革与实践——以媒介开发大专实训教育专业为例[J]. 卡秘教育学院学报, 2019, 35 (11): 69-71.

[68] 张楠, 李岚岚, 许可. 广播影视视阈下卫生医疗教学体系构建研究[J]. 科技与创新, 2020 (12): 123-124.